新时代高校思政协同育人发展策略研究

徐小莉　田爱玲◎著

吉林大学出版社
·长春·

图书在版编目（ＣＩＰ）数据

新时代高校思政协同育人发展策略研究 / 徐小莉，田爱玲著. -- 长春：吉林大学出版社，2022.6
ISBN 978-7-5768-0456-0

Ⅰ.①新… Ⅱ.①徐… ②田… Ⅲ.①高等学校—思想政治教育—研究—中国 Ⅳ.① G641

中国版本图书馆 CIP 数据核字 (2022) 第 170594 号

书　　　名	新时代高校思政协同育人发展策略研究
	XINSHIDAI GAOXIAO SIZHENG XIETONG YUREN FAZHAN CELÜE YANJIU
作　　　者	徐小莉　田爱玲　著
策划编辑	殷丽爽
责任编辑	殷丽爽
责任校对	安　萌
装帧设计	李文文
出版发行	吉林大学出版社
社　　　址	长春市人民大街 4059 号
邮政编码	130021
发行电话	0431-89580028/29/21
网　　　址	http：// www.jlup.com.cn
电子邮箱	jldxcbs@ sina.com
印　　　刷	天津和萱印刷有限公司
开　　　本	787mm × 1092mm　1/16
印　　　张	7.75
字　　　数	140 千字
版　　　次	2023 年 1 月　第 1 版
印　　　次	2023 年 1 月　第 1 次
书　　　号	ISBN 978-7-5768-0456-0
定　　　价	72.00 元

版权所有　翻印必究

前 言

在新的时代定位中，高校要巩固社会主义办学方向和实现教育现代化目标的诉求空前强烈，并且，高校是思想碰撞、文化交锋的重要场域，必须要发挥好思想政治教育的育人功能，用马克思主义去占领这一意识形态教育的前沿阵地。但是，当前高校思想政治教育面临着严峻的挑战，价值引领作用的发挥被局限于思想政治理论课中，高校思想政治教育陷入"孤岛困境"之中，在非思想政治教育专业的课程领域尚且存在"边缘化"甚至是忽视思想政治教育的现象。要想更好地发展高校的思想政治教育工作，就必须立足于新时代高校思想政治教育的特点和现状，积极地探索问题的原因和策略，调整好思想政治教育和高校育人工作的关系，更好地发挥高校思政协同育人的作用。

本书以新时代高校思政协同育人发展策略为中心，进行相关理论和实践的研究，全书共分为五大章节进行详细论述。

第一章为协同育人理论概述，分别从协同学理论与协同育人、高校思政协同育人概述、思政课协同创新理论、协同育人新理论存在的认识误区四个方面介绍了协同育人的基础理论。第二章重点介绍了新时代高校思政协同育人的基本内涵，包括思政协同育人的目标、原则、特征和价值，内容更加深入和详细。第三章根据新时代高校思政协同育人现状，先介绍了思政协同育人取得的成效，之后又提出了思政协同育人存在的问题，最后根据现状寻找思政协同育人存在问题的原因。第四章重点介绍了新时代高校思政协同育人发展策略，多方位、多角度地阐述了思政协同育人的方法和建议，包括互联网环境下高校思政协同育人途径，构建家庭、社会、学校联动育人体系，思政与大学生党建工作协同育人，构建全方位的思政育人体系，加强与高校辅导员的协同合作及提升高校思政专业教师队伍综合素质水平六个方面。第五章为多维度下高校思政协同育人的发展策略，这章先阐述了"大思政"背景下高校思政协同育人途径，之后进行了思政课程与"课程思政"协同育人的路径探索，最后总结出"主渠道"和"主阵地"协同育人的相关联系和"主渠道"和"主阵地"协同育人的策略。

  在撰写本书的过程中，作者得到了许多专家学者的帮助和指导，参考了大量的学术文献，在此表示真诚的感谢。但由于作者水平有限，书中难免会有疏漏之处，希望广大同行及时指正。

作者

2022年3月

目 录

第一章 协同育人理论概述 ··· 1

    第一节 协同学理论与协同育人 ······································ 1

    第二节 高校思政协同育人 ·· 3

    第三节 思政课协同创新理论 ··· 9

    第四节 协同育人新理论存在的认识误区 ······················ 15

第二章 新时代高校思政协同育人的基本内涵 ················ 17

    第一节 思政协同育人的目标 ······································· 17

    第二节 思政协同育人的原则 ······································· 20

    第三节 思政协同育人的特征 ······································· 25

    第四节 思政协同育人的价值 ······································· 28

第三章 新时代高校思政协同育人现状 ···························· 30

    第一节 思政协同育人取得的成效 ······························· 30

    第二节 思政协同育人存在的问题 ······························· 35

    第三节 思政协同育人存在问题的原因 ························ 43

第四章 新时代高校思政协同育人发展策略 … 45
第一节 互联网环境下高校思政协同育人途径 … 45
第二节 构建家庭、社会、学校联动育人体系 … 62
第三节 思政与大学生党建工作协同育人 … 76
第四节 构建全方位的思政育人体系 … 85
第五节 加强与高校辅导员的协同合作 … 95
第六节 提升高校思政专业教师队伍综合素质水平 … 103

第五章 多维度下高校思政协同育人的发展策略 … 107
第一节 "大思政"背景下高校思政协同育人途径 … 107
第二节 思政课程与"课程思政"协同育人的路径探索 … 110
第三节 主渠道和主阵地协同育人 … 113

参考文献 … 116

第一章 协同育人理论概述

第一节 协同学理论与协同育人

一、协同学理论

20世纪60年代，德国著名物理学家赫尔曼·哈肯（Hermann Haken）最早在研究物理激光现象时发现了协同效应，后来在流体运动、化学钟、螺线的研究中也发现了同类原理。他发现：相互独立的激光原子当受到来自外源的激励时，就会以无规则的方式发射波，而被激光留存下来的波会变成序参数，支配每一个受刺激的新电子，并使激光电子按它的周期产生共振以发出声音，这就是协同效应。赫尔曼·哈肯在进一步研究的基础上于1977年发表了《协同学导论》。

进入21世纪后，安德鲁·坎贝尔（Andrew Campbell）、蒂姆·欣德尔（Tim Hindle）等人继续对协同学概念以及协同理论进行发展和扩充。安德鲁·坎贝尔创造性地将"协同"比喻为"零成本前提下将某一部门提取的资源以直接的方式在多个部门之间运转进而创造价值的'搭便车'模式"[1]。这种模式依托资源流转实现"1+1>2"的整体发展，取得规模化效益。蒂姆·欣德尔提出："公司通过技能、资源、资产、战略、管理、运营达成协同,降低成本。"[2] 协同学理论自创立起，被广泛运用到企业管理、物理设计、建筑建造、化学实验、交通治理等行业。发展到今天，已经成为航空航天、电子信息、生物医学、物流管理、政府管理、教育等领域的重要理论指导。

协同强调通过系统内部子要素的协调、合作、沟通及系统内外部的资源整合，形成衔接有序、互动融通、协同合作、目标统一的运转系统，产生系统的叠加效

---

[1] 安德鲁·坎贝尔，凯瑟琳·萨姆斯·卢克斯. 战略协同 [M]. 任通海，龙大伟，译. 北京：机械工业出版社，2000.

[2] 蒂姆·欣德尔. 管理大师及其思想精髓 [M]. 于晓言，译. 大连：东北财经大学出版社，2009.

应，达到效果最优。从宏观层级考量，高校思想政治工作协同育人基于若干基础元素的配合和联动构成系统集合，是一种涵盖多个部分、多重要素、多个学科、多个主体的复杂工作组织形式，如果单靠高校一方必定是独木难支。这一大工程有赖于政府、高校、家庭、企业、社会组织等育人主体的参与，依靠多支点、多动力、多方位的组织行为建立合作关系，拓展教学、实践、网络、文化、管理、组织等各育人元素的功能。高校通过开展思想政治工作协同培育大学生，即要在深刻理解协同理论原理概念的前提下，运用综合性思维模式、系统论方法、整体性视角考察思想政治工作过程，将思想政治工作看作一个动态的系统，探求这一庞大系统内各大育人要素、环节、阶段的协同机理和联动规律，摸清影响要素作用发挥的控制性因素，进而采取有效性措施促使各个子系统以良性互动向有序化升级，防止出现各个育人主体"各自为政"和各个环节彼此脱离的情况，促使思想政治工作系统内部形成紧密联系和有序配合，帮助整个系统在资源整合、结构优化、功能重组、系统匹配上实现更为显著的突破。

二、协同育人

协同育人源于20世纪中叶的欧洲，是为实现高技能人才培养而产生的理念，即通过教育、科研、创新三大领域的协同发展培养人才。其中，教育是三者良性互动的必要前提。欧洲的"知识三角"为中国高校教育的改革提供了理论视角和经验借鉴。上海教委书记虞丽娟教授在《立体化素质教育论》一书中指出："协同育人主要包括协同教育、协同管理、协同学习等论点。"[1] 管理学博士赵新峰则在《协同育人论》中指出："协同育人是学校教育由封闭僵化办学逐步走向合作办学、开放式办学的过程，是具有鲜明时代特点的素质教育观的现实反映。"[2] 因此，协同育人既是理念也是手段，是各育人主体以人才培养为核心目标，在协作系统中共享资源、积聚能量，实现有效互动的过程。把协同育人理念运用于高等教育中，将有效地提高教育水平，高效地完成教育任务。

---

[1] 虞丽娟. 立体化素质教育论[M]. 上海：上海教育出版社, 2006.
[2] 赵新峰. 协同育人论[M]. 北京：人民出版社, 2013.

第二节 高校思政协同育人

高校思政协同育人是在"协同"和"协同育人"中延伸出来的。许多学者对高校思政协同育人作出概念界定。在借鉴前辈们研究成果的基础上，进一步总结出：高校思政协同育人是承担思想政治教育任务的各要素在协同理念的指导下，通过发挥自身独特性，形成和谐互动关系，构建有机衔接、稳定运行的系统路径，最终实现立德树人目标的过程。从高校思政协同育人的内涵中可以看出，其作为一种新的理念和新的方式，具有以下的特征。

首先，系统性。高校思政协同育人是各个要素构成的有机整体。在协同育人过程中，各个要素协同互动、扬长避短，逐渐达到一个平衡状态，实现整体最优化发展。因此，高校思政协同育人工作的完成，需要站在全局的、整体的角度，联结各个要素，发挥整体育人功能。

其次，互动性。互动性是实现高校思政协同育人的关键。通过各要素之间有效而又紧密的协作互动，充分发挥思想政治教育的功能，提高思想政治教育的实效性，实现育人目标。因此，要从唯物辩证法的角度，用联系的、发展的、矛盾的眼光对待各要素间的关系。

最后，动态性。高校思政协同育人工作的实现不是一成不变的。各要素容易受内外环境的影响，产生一定的动态变化。因此，要正确运用绝对运动和相对静止相统一的观点，具体问题具体分析，根据实际情况的变化及时调整协同育人的方式方法，有效分析高校思政协同育人工作的开展情况。

发挥高校思政协同育人的整体性功能，需要明确各个要素的个性功能，并结合协同学中的有关理论如"涨落原理""支配原理""竞争原理"，在不同的情况下采用不同的方法发挥各个要素的功能，实现要素之间的和谐共存。

一、高校思政协同育人的理论基础

古今中外思想史上形成的一系列理论学说为大数据时代高校思政协同育人的形成与发展做了充分的思想准备，也奠定了深厚的基础。要想准确把握高校思想政治工作的当代发展，必须加强研究的理论指导。因此，本研究将高校思政协同育人引入大数据视域，对马克思主义和协同领域相关理论，以及中西方道德教育、合作教育、技术教育等思想资源进行选择性撷取与吸收，能为研究在理性认知的基础上破解大数据时代高校协同育人工作难题，探寻思想政治工作创新发展合理路径提供学理支撑。

（一）马克思主义的合力思想

在整个马克思关于资本主义和无产阶级革命研究及著作撰写的过程中，并没有明确提出过"合力"这一说法，也没有使用过"合力"这一概念。马克思在论述社会资料的生产时，指出"受分工制约的不同个人的共同活动产生了一种社会力量，即成倍增长的生产力"，并在《资本论》中对此解释道："通过协作提高了个人生产力，而且是创造了一种生产力，这种生产力本身必然是集体力。"[①] 也就是说，分工合作所产生的合力最终转化为集体力。并且在马克思看来，单个劳动者劳作力量的简单叠加与多个劳动者在同一时间共同从事同一劳动所达到的效果存在本质差异。也就是说，分工合作所创造的效果和价值是单个劳动者经过很长的劳作时间、很大的劳动强度依然很难实现的。在全社会的分工合作中，扮演着决定性作用的是"同一"。"同一"是一种社会属性，可以理解为多个劳动者之间有共同的利益需求和合作愿望。基于"同一"，不同劳动者之间才能实现有计划、有组织的协同劳动，完成生产的既定目标。如何才算是有计划？这要求不同劳动者在共同目标和共同利益的驱动下，有意识、有目的、主动地开发利用资源，通过协调各自的工作内容、劳作时间、劳动强度，提升组织内部功能与结构的协调性、有序性、系统性，从而形成整体性的有效凝聚力和创造力。协作不仅使个人生产效率和能力有了明显提升，重要的是创造了新的生产力，改变了社会整体发展方向和规模。

在1890年致约瑟夫·布洛赫的信中，恩格斯指出："历史是这样创造的：最终的结果总是从许多单个的意志的相互冲突中产生出来的，而其中每一个意志，又是由于许多特殊的生活条件，才成为它所成为的那样。这样就有无数互相交错的力量，有无数个力的平行四边形，由此就产生出一个合力，即历史结果，而这个结果又可以看作一个作为整体的、不自觉的和不自主的起着作用的力量的产

[①] 卡尔·马克思. 资本论[M]. 何小禾, 译. 重庆: 重庆出版社, 2014.

物。"① 在这里，恩格斯所说的"历史合力"指的是每一个单个的意志按照"平行四边形"规则相互交错、相互作用，融合成一个总的合力，这种合力代表着向上、进步、创新的社会发展要求，引领人类社会以螺旋式上升的规律向前推进，从而实现人类社会和历史的进步。物质条件对个人意志行为具有限定性，人类只能在规定的可能性范围内进行创造社会历史的活动。但是，历史条件和物质基础的限定性是通过历史进程的个体活动所体现出来的，所以历史的进程是个人的意志及意志合力与物质条件的统一。

此外，恩格斯从历史唯物主义的观点指出，历史的发展是一个遵循一定规律的复杂过程，除经济因素外，政治、法律、哲学、文学、宗教等各种因素也决定着历史运动的形式，但归根底还是经济运动作为必然的东西通过无穷无尽的偶然事件向前发展。这表明经济因素居于决定性的地位，是制约合力形成的最根本的力量。

马克思在物质资料生产和恩格斯在社会历史发展的分析中有关"集体力""合力"的论述和阐发，对思政协同育人具有突出的理论借鉴意义。高校思政协同育人是一个系统性的复杂工程，其中有人、物、技术、环境、空间、信息的参与和介入，并且思想政治工作系统与周围其他系统是以相互作用、影响的方式发生着联系，产生思想政治工作合力。因此，要注重思政协同育人合力的开发，充分挖掘和利用不同层次、不同方面、不同领域、不同环节的育人资源，尤其深刻把握工作主体、对象、介体、环体各要素之间发生相互作用的内在规律和联系，把握他们的"同一性"，使整个高校思想政治工作系统实现有效的要素整合和结构重组，促进各部分要素、各部分力量的有机互动、融合创新、协同发展，形成系统的联动效应和育人合力，致力于高校思政协同发展。

（二）贝塔朗菲的系统论

系统一词源于古希腊语。系统是一个有机整体，由若干要素构成并形成一定的结构，同时具有某种功能。1932 年，生物学家路德维希·冯·贝塔朗菲（Ludwig Von Bertalanffy）提出系统论思想，并不断将其发展为一门学科。整体观念是系统论的基本思想。系统论把研究对象看作一个整体，分析其结构、行为、特点及整

---

① 马克思，恩格斯. 马克思恩格斯全集：第三十七卷 [M]. 中共中央马克思恩格斯列宁斯大林著作编译局，译. 北京：人民出版社. 1971.

体各要素的关系,具有目的性、整体性、相关性等基本属性。系统论的核心思想和基本方法为各个学科的发展提供理论和方法支持。

高校思政协同育人作为一个系统,主要研究思想政治教育各要素的协同互动,在整体上把握思政协同育人的整体性、动态平衡性等。思政协同育人的系统分析,符合思想政治教育的发展规律,符合人才培养的目标。

(三)马克思主义的人学理论

综观马克思一生浩瀚的理论学说成就,围绕"人"研究而形成的人学理论构成了其中最核心、最关键的部分。马克思以唯物史观为基础,研究了人的本质、发展、价值、需要等问题,为思想政治教育开辟了一个新的视野。关于人的本质问题,马克思作出了清晰而现实的回答,"人的本质在其现实性上,是一切社会关系的总和"[①]。一个人不可能是虚无和固化的存在,也不可能脱离社会而独自生存,个人以现实个体存在于社会环境中,以这样或那样的方式与他人进行着交往实践,从事着相互联系、相互合作的生产活动,不断创造新的社会关系网络。因此,社会关系构成了人存在的基本前提和发展的根本动力。伴随生产力的发展,社会关系不断更新,人的本质也不断完善着。关于人的发展问题,马克思强调每个人的自由发展是一切人的自由发展的条件,共产主义的目的就是实现人的自由全面发展。首先,要把人从私有制的剥削劳动中解放出来,创造一个生产力发达、物质资料丰富、人性自由的共产主义社会。在这个社会中,每个人获得平等的社会地位和权利,拥有充分的经济自由、精神自由、道德自由,可以按自我需要和个性最大限度发挥才能和力量,从事以个人为目的的劳动活动,实现个人在脑力、体力、物质需要、精神世界、社会关系等各个方面的最大发展。关于人如何实现个人价值这一问题,马克思强调,人的价值是通过他所从事的创造性的、改造物质世界的现实活动所体现出来的。正是在人发挥能动作用改造外在环境条件,并创造出新的劳动产品满足自身和社会需要的过程中,使自己的价值在对象化产品上获得新的体现和升华。人实践的过程就是个人价值得到体现的过程,人改造对象的活动就是价值创造活动。马克思认为,实践是人存在和发展的前提,人通过具体的实践活动塑造出有利于自身发展的条件和环境,获得实在的现实基础,才

[①] 李慎明. 马克思主义国际问题基本原理[M]. 北京:社会科学文献出版社,2008.

有了人的解放和自由发展及社会历史的进步。建立在实践这一观点的基础上，马克思提出人的需要不仅源于生物本能，即生存和生活的需求，还产生于人改造和创造社会的实践活动。需要不仅是人的本性，更是人们从事各种劳动实践活动的动力，从而创造出价值产品以满足各种需要。并且人的需要具有"多样性"特点，物质、精神、心理多方面的需要构成了一个复合体，促成了人类行为实践的多样性。

马克思主义人学理论对人的基本问题及社会关系的剖析，是马克思对原有人学理论进行批判思考的结果，从实践唯物主义的角度全方位地揭示了人在社会历史进程中的地位和作用。依据马克思主义人学理论的归旨，高校思想政治工作要紧紧围绕"人"这一核心，将大学生的成长和发展置于一切工作的中心依据，尊重大学生的主体性地位和身心成长规律，重视考察社会关系和社会环境对大学生思想和行为变化的多重影响，创造良好积极的育人环境，关注大学生的个性化发展需求，引导和服务大学生成长成才。同时，思想政治工作者也要注重在实践活动中提升自我能力素养、完善人格、满足需要，实现主客体双方的自我解放和个性发展。

除此之外，思想政治工作实施主体要深刻认识到大学生群体正值成长的关键时期，具有学习、科研、实践、交友、娱乐等多方面的需要，因此要善于发挥思想政治工作的主体、环体、介体、客体要素作用，供给大学生需要的内容，促进青年大学生在道德品质、智力创造、兴趣志向、心理素质、人文素养、实践技能、自由个性方面实现全方位的成长和发展。

（四）新时代协同育人指导思想

协同性已是时代发展的迫切需求，因此高校思想政治工作需要整合校内、校外的各方力量，发挥育人合力，打造高校协同育人新模式。在新时代背景下，随着生产力水平的提高，教育事业在蓬勃发展的同时也面临着诸多考验和困境，尤其是大学生意识形态方面的问题较为严峻。重视大学生党建工作的开展，稳固党的坚定领导，也需要高校通过全面、全程贯彻思想政治教育来逐步解决。因此，在协同理论及马克思主义中国化理论的指导下，应当结合时代背景，遵循以习近平同志为核心的党中央的领导探究出应对社会发展的育人新途径。

二、协同育人的实践依据

（一）意识形态教育的复杂性

从根本上来说，思政协同育人的现实推进根源于意识形态教育的极端重要性和复杂性。作为"软力量"的意识形态标志着一定的阶级和利益集团对社会形成了独立力量，实际上它更是一定社会统治阶级根本利益的折射。对于意识形态的极端重要性，马克思在《政治经济学批判 1857—1858 年手稿》中有所提及，"如果从观念上来考察，那么一定的意识形式的解体足以使整个时代覆灭。"所以，意识形态工作的开展既需要从顶层设计上赋予现存政治制度以合理的思想体系，又需要通过各种方式引导社会成员认同这些思想观念，使社会成员在价值选择和行为实践各方面能自觉地遵循思想观念的指引。意识形态正是通过教育的手段才为社会成员所接受并成为他们实践活动的内在依据和真实动机，意识形态掌握群众的过程是复杂的，它需要借助一定的价值符号去论证社会政治经济制度、社会决策及社会运行秩序的合理性，这个过程涵盖社会的方方面面。因此，意识形态教育是一项涵盖多元因素的综合议题，关键在于如何实现社会成员在行为实践、情感生成、态度倾向、价值选择、理想信念形塑等方面的内在统一，并且使以上诸多方面符合社会主流意识形态。

高校承担了意识形态教育的很大一部分任务，它也是意识形态教育的重要实施场域，整合高校诸多教育资源形成意识形态教育育人合力需要从课程这一主要的育人载体着手，通过思政课搭建起个人与社会、实践活动与思想信念体系内在转化的桥梁。以思政课为载体整合教育资源实现意识形态教育目标需要以明晰各个学科蕴含的具体价值取向与社会主义核心价值关系为思考前提，在思政课教学中为社会主流意识形态的生成创设良好的环境，以积极的思想观念引导学生在构建学科知识体系的同时形成正向的情感态度、科学的思维方式、正确的价值选择和坚定的理想信念，使学生在面对社会多元价值信息时能够自觉地倾向于符合主流意识形态要求。意识形态是一个包含政治法律思想、道德、宗教、艺术、哲学等多种形式的复杂的思想体系，这正是意识形态教育和思政协同育人在教学内容上的逻辑契合点。在学科整体架构和专业知识精准把握的同时以思政课为载体推进思想政治教育体系的完善是当前高校进行意识形态教育的迫切需要。

(二)实现立德树人教学目标的必要性

党和国家始终把培育共产主义信念和社会主义意识形态作为教育的核心要义,高校承担了育人的职责和使命。立德树人根本任务经历阶段性的演进进而逐渐明晰:从中华人民共和国成立到20世纪六七十年代,教育工作主要强调对国家、中国共产党和社会主义的认同,培育爱国主义精神、社会主义觉悟和共产主义情怀及树立辩证唯物主义和历史唯物主义观。思政协同育人正是从充分利用和拓展课程这一教育载体的维度寻求立德树人根本任务实现的有效路径,它突破了传统思想政治教育课程载体的范畴,凝聚所有课程的力量,共同推进立德树人根本任务的实现,这不但在很大程度上减少了对于德育的不利因素,更抓住了德育的课程凝聚力和向心力。

爱国主义教育是国家稳定发展、历史向前推进的巨大精神力量,是一种集热爱祖国、报效祖国、忠诚于祖国的思想、意志、情感于一体的社会意识形态的体现。在新的历史时期和时代背景下,爱国主义教育依然很重要。普通高等院校爱国主义教育主要体现在对党史、党情、国史和国情等方面的基本知识的学习,也包括民族团结和国家统一等国家安全方面的教育。习近平总书记指出,爱国主义教育就是要不断强化大学生的爱国意识,使其内心对祖国有强烈的归属感。因此,爱国主义教育不仅有利于学生自身的发展,培养其爱国主义情怀,更关乎国家未来的前途命运,为未来能够稳定发展扎实根基。

第三节 思政课协同创新理论

一、思政课协同创新理论生成背景

伴随着中国特色社会主义进入新时代,思想政治教育逐渐呈现复杂性和综合性特征,既面临着瞬息万变复杂的外部环境,也存在着自身的断裂与碎片化现象,变革与创新成为大学生思想政治教育的现实之需与未来之要。正如习近平总书记所强调的:"注重系统性、整体性、协同性是全面深化改革的内在要求,也是推进改革的重要方法"①，新时代大学生思想政治教育变革也是一场深刻的改革，并且这场改革不是局部性的零敲碎打，而是整体性的系统创新。新的时代背景下，高校思想政治教育的主客体和教育环境都发生了巨大变化，想要满足新形势和新任务下的思想政治教育新需求，亟须将协同创新理念融入思想政治教育中，实现新时代大学生思想政治教育创造性转化和创新型发展。协同创新作为习近平新时代中国特色社会主义思想的重要内涵，是其全面深化改革的重要思路，更是其对教育事业和思想政治工作的明确要求。新时代大学生思想政治教育协同创新是深化思想政治工作改革，实现创新性发展的应有之义和必然路径。

习近平总书记高度重视新时代的协同创新问题，他在中央全面深化改革委员会第十次会议、中央全面深化改革委员会第十五次会议上，反复强调"协同"理念，他指出，全面深化改革"要把着力点放到加强系统集成、协同高效上来"②，要"聚焦重点问题，加强改革举措的系统集成、协同高效，打通淤点堵点，激发整体效应"③。2014年10月25日，习近平总书记在上海浦江创新论坛开幕式致辞中，首次提出"协同创新"理念，指出要"协同创新 共享机遇"④。2019年1月21日，习近平总书记在省部级主要领导干部坚持底线思维着力防范化解重大风险专题研讨班开班仪式上指出：要"建设重大创新基地和创新平台，完善产学研协同创新机制"⑤。纵览习近平总书记关于协同创新的一系列重要论述，以创新谋发展，向协同要动力，以协同创新为全面深化改革破局是新时代治国理政和深化改革的重要思路。具体到教育领域，习近平总书记很多重要讲话也体现了"协同创新"理念，2018年9月11日，他在全国教育大会上指出："加快一流大学和一流学科建设，推进产学研协同创新，积极投身实施创新驱动发展战略，着重培养创新型、复合型、应用型人才。"⑥2019年3月19日，习近平总书记在学校思想政治理论课教师座谈会上强调，"要建立党委统一领导、党政齐抓共管、有关部门各

---

① 2017年6月26日，中央全面深化改革领导小组第三十六次会议.
② 2019年9月9日，中央全面深化改革委员会第十次会议.
③ 2020年9月1日，中央全面深化改革委员会第十五次会议.
④ 2014年10月25日，习近平和普京为2014浦江创新论坛致贺信.
⑤ 2019年1月21日，省部级主要领导干部坚持底线思维着力防范化解重大风险专题研讨班开班仪式.
⑥ 2018年9月10日，全国教育大会.

负其责、全社会协同配合的工作格局"[①]。习近平总书记关于教育和高校思想政治工作的一系列重要论述体现了鲜明的协同创新要求，一流大学、一流学科、思想政治工作、思政课教学改革等都要坚持在协同中创新，要充分研判新时代的时、事、势，把握好思想政治工作的时、效、度，因时而进、因事而化、因势而新。

二、思政课协同创新内容

（一）队伍协同

高校教育主体的工作性质和职能各不相同，有的负责进行思政课讲解，有的负责大学生日常管理，有的负责宣传、培育校园文化等。大学生思政协同创新工作不仅仅是思政课老师的责任，更是高校其他部门、学院教师、专业课教师及社会其他从业人员的责任。通过会议、座谈、线上、线下学习等方式将协同创新理念灌输给各个教育主体，推动高校及相关从业人员对"协同创新"理念上的认同，巩固高校育人系统中思想政治教育的主体地位，将思想政治教育的育人目标贯彻到各项工作之中，进而促进党中央对于高校思政协同创新战略部署落地。通过队伍协同可以优化相互间的信息传递效果，加深沟通交流程度，降低教育活动中的沟通成本，提高协作能力。例如让思政课教师与高校管理人员、行政人员或者专业课教师进行协同，及时进行相关的沟通工作，在学生教育管理及专业课程中引进思想政治理论思想，不仅可以使学生更好地掌握相关知识，还可以及时掌握学生的思想动态，增加思想政治教育的针对性。

（二）机制协同

想要推动大学生思政协同创新向上发展势必要为其提供充足的物质基础和制度保障。例如建立各主体之间的协同运行机制，从思想政治教育的任务和方向出发，建立各主体之间的沟通机制，最终形成多主体共同服务思想政治教育的局面。建立各主体之间保障机制，实现各教育主体之间例如经费、设备、技术、文化等资源协同，有助于实现教育效果的最大化。例如在各部门均需举办思想政治理论活动对大学生进行思想引导时，可以各取所长进行经费、设备、技术等资源协同，不仅可以节约教育资源和成本，还可以实现教育资源的合理利用。在对大学生进

[①] 2019年3月18日，学校思想政治理论课教师座谈会.

行课程安排时，通过跟其他教育主体例如研究院所、企业联合设置必要的"理论—实践""课上—课下"的实践环节，不仅延展了课堂教学的授课范围，而且通过实践实训环节还可以提高学习效果。通过多部门共同建设网络思想政治教育网站，开展线上教学、心理咨询、文化传播等形式的思政课教学，将各种与大学生思想政治教育相关的资源上传到网上，有效利用互联网的及时性与传播性，不仅可以扩大思政育人的覆盖面，还可以降低育人成本，在育人客体的信息浏览中潜移默化地完成思政育人目标，达到隐性育人目的。

（三）平台协同

在开展育人工作时应在传统思政课的基础上，将所有与大学生相关的育人主体利用起来，调动其他育人主体的教育积极性，与学校其他部门及其他企业、组织、社团共同建立完备的人才培养平台，完善的科学研究平台及完整的实践实训平台，实现全方位育人战略布局。例如建立完备的人才培养平台，完善思想政治教育方式与方法，有效增加思想政治教育效能。高校展开思想政治教育是为了让大学生可以系统地了解一些理论知识，塑造其世界观、人生观、价值观。但是理论讲解必定枯燥无味，很容易引起大学生学习时的抵触心理，如果在讲解过程中增加讲解实际应用成功案例，将重点、难点进行有趣的案例分析、解析，将枯燥理论变为趣味图片等方式，可以激发大学生学习兴趣，加深大学生理解。课堂教学内容是思政课教师通过一定时间备课凝练而成的，虽然理论是完整的，却缺乏即时性，无法与现行热点事件联系起来。通过课下举办讲座、沙龙等实践形式进行热点问题的分享与讨论，不仅可以加深理论知识的理解，而且可以培养大学生对于社会热点的思考能力，实现高校思想政治教育的因事而化、因时而进、因势而新。与此同时，在进行校园文化建设时利用校园文化展板进行时政分享、美化课堂教学环境进行环体优化、宣传周边榜样加强朋辈影响等，将课堂知识的显性灌输与校园文化中的隐性感染结合，做到育人于无形。

三、协同创新的意义

（一）拓展思想政治教育主体

首先，协同创新推动"人人皆可思政"格局的养成。大学生思想政治教育的展开不应仅仅依靠思想政治理论课这一单一渠道，还应将国家、社会、企业、科研院所和各学院党政领导干部、辅导员等的日常理论"滴灌"纳入思想政治教育的展开渠道进行考虑。不仅要求各个教育主体坚持承担"守好一段渠、种好责任田"[①]的使命，还要善于将身边的资源融入对大学生的日常教育中，时刻将思想政治教育带入科学研究和社会服务的各个角落中，与高校的育人目标保持一致。

其次，协同创新需要"人人皆应思政"格局的形成。将社会中各个领域内的有效教育主体纳入思想政治教育体系中，打造适合大学生与社会接轨的具有中国特色的教育方式和实践模式，不仅可以为高校"四为服务"作出贡献，还可以有效避免大学生因为意志力薄弱，难以抵抗网络诱惑或者社会错误引导等上当受骗、误入歧路。

（二）优化大学生思想政治教育管理体系

为有效避免大学生陷入拜金主义、利己主义等不良文化陷阱，防止其出现道德滑坡、诚信缺失等行为，势必要加强对思想政治教育体系的管理工作。只有保持思想政治教育体系的正常运作，及时从思想引导、问题疏导、价值观宣传等方面对大学生思想和外部环境进行影响，才能帮助大学生塑造正确价值观。

首先，协同创新促进高校管理满足大学生个性化需求。事物的发展过程中总会出现矛盾，信息化时代更是如此。如果面对外部环境的改变，一直坚持用原有的管理方式面对现有问题，会发现原来先进的理念和技术逐渐不再发挥作用。只有不断进行局部或者整体的创新改变，才能适应时代发展的要求。将协同创新的理念引进实际工作中，例如将与学生枯燥的线下思想交流改为更具人性化的线上及时沟通或者邮箱、微博交流等，将管理方式逐步调整为符合当下大学生成长规律的新型沟通、教育方式，可以缩短教育主体与教育客体之间的距离感。

其次，协同创新促进高校管理水平不断提高。事物发展过程是一个产生矛盾、解决矛盾的动态过程，而解决矛盾的过程就是一个自我提升的过程。高校思想政治教育管理不仅仅是对大学生的思想管理，还包含着学术研究、能力培养等在内的综合管理。目前，高校为适应开放性生存环境，正在逐步向多学科融合、多领域合作、多主体共同作用的方向发展。将协同创新思想引入大学生思想政治教育

---

① 习近平：把思想政治工作贯穿教育教学全过程　开创我国高等教育事业发展新局面 [N].人民日报，2016-12-09（01）.

管理中，使高校管理者掌握更多的社会资源，在一个更加开放的环境中审视自己在教育管理中存在的问题，不断提高针对大学生个性化问题的引导能力，为高校管理工作提供更多可能。

（三）打破大学生思想政治教育发展壁垒

首先，协同创新促进校内教育主体弥补教育不足。国务院在《关于进一步加强和改进大学生思想政治教育的意见》中明确指出，高校中每一个教育个体都承担着对大学生的教育责任，但因教育时的侧重点和本身接触的工作存在些许不同，因此在学生的教育管理方面会存在差异。例如思政课教师具有丰富的专业知识，理论性基础很强，但是缺乏对大学生成长规律的有效把握；辅导员的学习背景不同、专业性存在差异、理论性基础薄弱，但是却可以准确把握大学生的成长规律。如果二者通过协同创新进行教育协同，就可以利用各自优越性来促进队伍向上发展，增加彼此间的黏合度。在弥补各个教育主体存在的不足的同时，还可以激发教育主体内部对于教育目标实现的积极性、主动性和创新性，实现教育主体队伍向上发展，还能加强思政课教师对于大学生成长规律的了解。

其次，协同创新打破了各专业学科发展壁垒。大学相较于专业研究机构和企事业单位，属于相对松散的组织，具有"散漫有序"的运行特点。每一个专业学科的学习与研究随着理论知识的不断掌握，而出现跳出原有理论框架，以综合的多学科研究方法进行更深层次的研究的现象。迪特里希·戈尔德施密特（Dietrich Goldschmidt）指出，各个专业学科的研究者大多从自己专业学科的目标出发，在各自的研究领域内井然有序地进行常规的教学、科研工作。虽然呈现出专业学科发展日趋向好的趋势，但是大多数情况下，其目的都是为了维护自己专业学科的地位，而非支持新学科、跨学科的发展[1]。大学的人才、技术发展离不开专业学科发展，而各学科之间的互补、合作成为高校协同创新的主要立足点。采用协同创新的方式可以打破专业学科之间的发展壁垒，促进各专业学科的优势互补。

---

[1] 约翰·范德格拉夫. 学术权力：七国高等教育管理体制比较 [M]. 杭州：浙江教育出版社，2001.

第四节 协同育人新理论存在的认识误区

随着认识的不断深入，立德树人根本任务不断深入人心，教育部门和教育工作者越来越清晰地认识到协同育人的重要性，并迫切需要科学、正确的教育理念指导。但现实中仍然存在一些协同育人理念的认识误区，亟待澄清。

一、认为育人是"一家之事"

协同育人工作涵盖方方面面，需要各方力量的有机整合。协同育人中，高校的作用至关重要，但协同并不仅仅是高校的职责，也与家庭和社会密不可分。

目前，普遍存在的理念认识误区认为育人仅仅是学校的责任。由于协同育人主要在高校范围内实施，教师承担着教书育人的主要职责，从而忽视了家庭教育、社会教育和自我教育的重要性。如一位学生处老师在访谈中表示：很多时候学生出现思想或者心理问题，最后发现大多与家庭有关系，父母离婚、家庭矛盾或者家庭经济危机，都影响了该生的行为表现，但家长往往意识不到自己的教育问题，有的甚至从孩子进入大学开始就做起了甩手掌柜，只负责生活费，其他一概不管，出现问题又来埋怨学校和老师不负责。

一位已经从辅导员岗位转岗的老师谈道："我现在所在的部门属于学校的技术部门，服务各大实验室进行样本检测，平时我们做实验接触学生有限，不像以前要天天与学生打交道，现在参与协同育人这类工作相对比较少。"高校内部一些行政管理和后勤部门忽视对协同的关注和参与，但立德树人的工作不仅是思政部门的工作，也是课堂的工作。

总而言之，学校与家庭、社会的育人力量要整合起来，共同参与到高校思政协同育人教学活动当中。

二、将协同等于各工作"做加法"

大学生思想政治教育的协同育人不同于普通学科教育或专业教育，主渠道与主阵地的协同不是简单的数学意义上的加法，而是理念上、方法上的融合创新。

目前，在协同育人实践探索中，不少学校为取得教学成果和工作业绩，将协同看作一个筐，什么工作都往里面装，搞出很多不实用的工作方法，使协同育人成为一个说不清道不明的"大杂烩"。回避了协同中本应该重点把握和解决的核心问题，而把一些与育人、教学无关的问题也当作协同的一部分笼统处理，造成协同成本高但实际成效低。大量烦琐的形式主义会议和定期定量报告，容易引起教师和学生的反感情绪。在访谈中问到"当前影响您参与协同育人工作的主要影响因素是什么？"的问题时，部分辅导员表达了普遍存在的疑惑："我们辅导员本身就管着党团、就业、学生会、文体活动等各类事务，协同必然会包括这些内容，如果不能替我们分担，而又增加了我们的工作负担，那我们是不想看到的。"对此，我们应该认识到，各工作的叠加是协同中必不可少的一项要求，但推动主渠道、主阵地协同育人不是简单地做加法、扩资源的过程，而是一个补短板、强互补、同进步、提质量的过程。

三、把协同育人当作免责的"安全区"

目前部分高校教师认为协同育人没有明确的制度和规范约束，只要自己不犯错误，完成规定的任务，履不履行协同育人的义务，既与职责范围无关，也与工作业绩无关，学校不会因此处罚或限制个人发展，从而逃避协同育人的责任和义务。

一位从事思政课教学多年的教师提到："我们现在谈'课程思政'，学校推动的力度比较大，但也引起了个别专业课老师的反感，他们觉得这些内容思政课都讲，还要占用我们的时间，学生本来消化一些理工科知识就比较吃力，这不是浪费宝贵的教学时间嘛。"归根结底，产生这种问题的原因是还没有从根本上理解"课程思政"和协同育人的内涵和要求。而在学生的日常生活中，教师又会将责任推诿给辅导员，正如一位学院主管学生工作的老师所说："曾经遇到过学生因为考试作弊被抓，处理这件事情的时候，基本就是我们辅导员在做，相关的任课老师基本不参与，只是反映一下情况。"然而协同育人并非思政专业教师和辅导员的责任，同样是其他教师的责任。

第二章　新时代高校思政协同育人的基本内涵

随着新时代高校思想政治教学改革的推进，协同育人教学理念逐渐受到高校领导和教师的重视。高校思政协同育人顺应了历史发展潮流，对提升高校思想政治教育课教学效果有着积极的作用。

第一节　思政协同育人的目标

一、落实立德树人根本任务

2019年3月18日，习近平总书记在学校思想政治理论课教师座谈会上强调要落实立德树人根本任务。立德树人是我国高等学校的根本使命，直接指明了高校存在和发展的方向，明确了一切思想政治教学与管理工作必须坚持的核心理念和导向。立德树人的对象是正处在青年时期的大学生，其政治认同、民族意识、人生观、价值观、道德观、荣辱观等都不稳定，辨别能力较弱，较容易受不良信息误导。在新时代，网络思潮复杂多变、风起云涌，加快了大学生意识和思想变化的速度，部分大学生自身的主流价值观意识和理想信念容易动摇，从而产生价值困惑、心理焦虑、道德认知模糊等问题。对此，高校紧紧围绕大学生这个中心，通过植入大数据思维方法、构建思想政治教育大数据系统、培育掌握大数据应用的教师人才队伍等方式开展高校思想政治理论课程教学，促进和加强思想政治工作各类育人主体的即时互动、经验共享，根据不同个体学生所喜欢的方式，差异化地利用课堂教学、科研实验、校外实践、生活管理、学生资助、心理服务、情感教育等形式，进一步激发各项育人资源和要素动力活力，协同发挥效用，形成强大的教育合力，培养一批又一批既具有优秀道德品质、健全人格，又具备突出的综合素养、强烈爱国情感、崇高理想信念的青年大学生，为国家建设和民族复兴培育坚实和强大的后备力量，坚决落实立德树人根本任务。

二、促进大学生的全面发展

马克思历经无产阶级革命的长期实践和经验总结，形成了对"人"的深刻认识，并提出了人的全面发展理论。人需要通过多样化需求的满足、技能的提升、社会关系的稳定、个性的解放才能实现个人的全面发展。从某种意义上来讲，思想政治工作的核心和指向是人，这也为人的全面发展奠定了良好的基础。随着新时代网络信息技术的发展，它为实现人在技术支持下智力和思维层面的延伸发展提供了新的机会和可能。在网络信息技术的影响下，思想政治工作无时不有、无处不在的优良氛围，为大学生成长成才塑造了良好的外部环境，由外而内、由浅至深逐步改造大学生的世界观、人生观、价值观。并且，大数据基于数据整合、数据挖掘、关联分析、用户个性画像，洞悉隐藏在数据背后的大学生思想行为群体与个体规律，动态跟踪每一个大学生个体的学习动态和行为习惯变化并预测其发展走向，帮助教师设计针对性强、个性化强的思想政治工作，实施必要干预、有效引导，最大限度激发每个大学生内在潜能、学习兴趣，使大学生能够在思想、心理、情感、意识观念和行为各个层面发生积极变化，最终促进个人的全面发展。

三、构建个性化育人新模式

个性化教育是尊重个体特殊个性，发掘个体潜力，培养个体独特才能，促进个体自由发展的教育理念和模式。这一理念和模式适应了大学生自身追求个性化成长的需要，也满足了多元化人才培养的社会需求，一直为我国高等教育所强调和倡导。人类社会从网络时代到大数据时代的进步和跃升，极大程度上推动了高校思想政治教育工作的开展。大数据海量、多样、高速的技术优势，能够对每个大学生个体的课堂行为、生活行为、工作行为、消费行为、阅读行为、娱乐行为、交友行为等多维数据进行实时采集、跟踪与监测，并且对全体样本数据进行即时存储、处理和深度分析，根据每个学生数据集合和海量资源的共享智能生成用户画像和可视化模型，为思想政治工作者的决策生成提供参考建议，促使教师作出科学决策。针对个别学生的特殊性需求，设计符合每个大学生"口味"的专属学习方案，推荐最适合的学习资源，并根据学习接受力和内容偏好的不同适度调整教学内容，实现内容个性化。同时，以大数据为依托的思想政治工作平台可根据大学生个体的道德水平、知识结构、学习进度、学习规律、学习特点、学习风格、学习需求的互异，采取差异化的教学方法、模式，安排合理的教学进度，实现过程个性化，从而最大限度挖掘每个大学生在知识学习、科研实验、学生工作、社会实践、文体特长等方面的潜在优势。与此同时，大数据根据大学生智力、品德、心理、思想等方面的数据变化实时反馈学生个体的受教育效果，找出影响教育教学的问题原因，推动教育实施者改进教学方案，从而达到效果个性化。大数据运用于思想政治工作旨在从内容到形式、从主体到客体、从教学过程开始到结束构建起一整套科学、完整、可行的个性化育人实践运行模式，真正实现更加符合人性和人的发展规律的个性化服务。

四、满足社会主义建设需要

社会主义的建设以意识领域的安全稳定、健全的顶层设计、科学的思想指导为前提和基础，但是网络的迅速发展和社会多种非主流意识形态的滋生，引发各式、各类网络舆论思潮的飞速膨胀和蔓延，社会主义主体意识形态受到冲击。作为网络时代的青年大学生，其意识观念、思维方式、价值取向、行为实践受此影响也呈现出新的发展特点，甚至出现了与主流价值观念不符的思想倾向和行为表现，这在很大程度上影响了中国青年大学生群体为新时代中国特色社会主义建设竭力付出、为祖国复兴矢志奋斗、为人民美好生活积极奉献的坚定信念。

五、推动国家教育事业发展

当前，我国经济、政治、文化等各个领域的建设紧跟新时代的步伐正在稳步迈入新阶段，国家一流高校、一流学科建设战略规划为我国高等教育的新发展创造了契机。在这一新形势下，高等教育作为人才培养工作的关键环节和把关阶段，应当如何因时、因势、因事改革，以取得新突破、开创新局面是一个需要深刻思考和迫切需要解决的重大理论与现实问题。根据党和国家对人才建设与高等教育改革的指示，紧紧围绕人才培养中心任务，着力推动思想政治工作协同育人理念、思路、手段、载体、基层工作、评价机制的系统创新，激活思想政治工作协同系统的内生动力，对推动我国教育事业的发展有积极的作用。

第二节 思政协同育人的原则

原则是言行所依据的准则。高校思政协同育人的原则是在具体的实践互动中抽象出来的。高校思想政治教育是一个系统工程，系统中的各要素要以一定的原则为指导，实现互动，发挥育人功能。

一、人本性协同原则

人本性协同原则是高校思政协同育人的核心。人本原理发端于管理学，对高校思政协同育人的管理具有重要借鉴意义。高校一切工作都是围绕人才培养的目标展开的，人才的培养引起知识和价值的创造，这些创造需要思想政治教育来引导。高校思政协同育人将大学生的发展导入一个开阔的环境，促使学生在轻松自在的协同育人活动中完成自我实现和自我超越。因此，高校思政协同育人要以学生为本，切实遵循学生身心发展规律和教育规律，培养德才兼备的新时代青年。

坚持"以人为本"，把人本性确立为基本原则不仅是发挥大数据技术价值理性的应有之义，更是凸显思政协同育人本质的实然之举。首先，体现在工作理念上尊重大学生的主体地位。思想政治工作的实施主体应当以大学生为一切教育行动的出发点和落脚点，将大学生成长的内在规律和发展需求作为实施教育改造的依据，在育人价值目的上、思想观念上、方法手段上、机制制度上坚持人本位取向，体现人性化特色，主动关心、爱护、帮助大学生，解决个人世界观、价值观、人生观方面的疑惑，在思想政治工作的过程中尊重教育对象的自主权和选择权，注重挖掘大学生的独立性、主动性、积极性、创造性，丰富大学生个性内涵，彰显大学生的主体人格。其次，工作要着眼于大学生的需求。注重从数据挖掘、数据跨界、数据碰撞中，研究大学生的需求变化规律特点，以使教育主体对学生内在需求做到精准的理解、预判、供给，从多种渠道、用多种方式发挥各大育人要素的集成效应，满足大学生物质层面、精神享受、人格层面、社会尊重、交友学习、自我实现层面等多元需求，引导受教育者自我调节、自我教育、自我完善，使大学生在知识、情感、意志、品质、个性的潜能上都能得到发挥。最后，在工作方法途径上要彰显情感温度。传统的说教、灌输不仅缺乏情感温度，还大大降低了思想政治教育效果，引起学生的排斥和反感。运用大数据分析真正直观透视大学生的内心世界，了解学生生活学习实际，使教育者有意识地将生硬呆板的理论条文转化为鲜活的图片、动画、表情、视频以迎合青年大学生的偏好，鼓励学生通过各类方式亲身体验、用心感悟、发展个性，协同其他力量共同建构家庭、社会、高校"三位一体"育人格局，用家人的关爱、社会的温暖、师长的引导感动、感染大学生，使思想政治工作的主体与大学生心心相容、情意共通，真正用情感育人、情感化人、情感成人。

互联网背景下网民文化、直播文化、互动文化的产生，不断冲击着大学生的价值认知模式和交互方式，其追求个性、出众、互异的性格特征更加鲜明，这对高校的差异化教育服务提出了更高要求。大数据的成熟应用及云计算、人工智能的突破性进展使"差异化"教育真正从理念倡导变成了现实实践。高校要强化思政协同育人主体差异化思维，引导他们主动运用大数据科学记录不同个体学习行为数据，可视化、动态化呈现每个学生不同的知识结构、学习生活轨迹、性格表征，关注大学生的独特个性和特殊需求，以针对性、个性化、差异化的教育模式分类、分层、分个体提供服务，突出内容、资源、过程、效果的差异化特征。最后，要强化人文关怀。大学生既有生活、学习、交友、娱乐的基本需要，也有被理解、尊重、认同、信任、价值创造的人生追求。在高校的思政协同育人中彰显"以人为本"理念，要突出对大学生的人文关怀，要求育人主体树立"社会"与"个人"双重价值有机统一的理性思维，更加关注大学生个体发展、享受、情感、心理、意志、信念等方面的需要，在工作方式上体现艺术化、人文化、细腻化，用释疑解惑、当面疏导、同辈陪伴、文艺感化、心灵互动、换位思考、网络育人等方式，让思想政治工作抵达大学生内心，引导大学生在价值理念、知识探寻、人生目标、信仰追求上实现自我发展、自我完善、自我超越。

二、有效性协同原则

传统"千人一面"式工作方法固化了思想政治工作育人模式，教授内容与学生需要的适应性不足，反倒形成对教育对象的成长禁锢。大数据时代差异化定制成为主攻方向，大数据能够从数据中发现教育对象行为特征、成长目标呈现出的复杂化、多样化、互异化、层次性特征，以差异化思维意识强化对学生个体的关注和重视，对个别大学生具体教育问题做到具体分析，从而帮助教育者有区别采用自我教育、形象演示等方法，增强育人方法和机制对个体的适应性，让大学生自然、欣然接受教育者的引导，对其心理和思想产生直接和深刻的影响。不同大学生有不同的能力优势和性格特征，应当在培育目标上体现差异性。大数据基于对不同学生在心理素质、情感思想、价值态度的统一性承认，从个别化对象数据析出不同学生个体先天优势能力、学科背景、学校特色、专业特长、学习程度的差异，为教师提供如何制定学习目标、架构内容体系、设置考核目标和评价标准的数据参考框架，使教育目标更加契合不同阶段大学生的情感、价值、心理和行为的需要，从而促进每个大学生的个性成长，最终实现协同教育的有效性。

有效性协同原则是高校思政协同育人的关键，是思政协同育人工作效果的重要呈现。一方面是确保思政协同育人目标的切实可行。目标的切实可行，有利于实现协同育人的创生性，促进高校思想政治教育的发展。另一方面是确保协同要素均衡有序参与育人活动的需要。育人要素的有序参与、互通互联，有利于实现协同育人的衔接性，形成最佳教育合力。因此，高校思想政治教育协同育人只有坚持国家的政治方向、契合社会主义市场的发展、满足人才培养的需要，才能充分发挥协同育人的有效性，实现人的全面发展。

三、时代性原则

时代性原则是指高校思政协同育人要反映时代变化、契合时代背景、紧跟时代潮流、适应时代形势，根据时代和社会的发展而不断作出调适和改变，与当下的现实环境和社会氛围相融合。思政协同育人的时代性，首先，体现在对时代背景的契合。大数据时代构成了当下最鲜明的时代背景，并且伴随大数据、云计算、人工智能技术的迭代升级，大数据时代正在朝向更高级的阶段过渡和转化，出现了智能化的形态发展趋向。推进思政协同育人发展应当正确认识大数据时代的必然性和重要性，以大数据时代为重要遵循，抓住大数据时代这一难得的发展机遇，科学、合理、谨慎地运用大数据创新、改造的方法手段，体现工作的时代感。其次，体现在对时代问题的把握。大数据时代的思政协同育人要紧紧围绕"立德树人"大任和培育时代新人的重大使命，结合新时代背景下出现的新变化、新要求，精准把握当前高校育人过程中在主体、观念、机制、载体、效果方面存在的新问题、新矛盾，进而施以有效措施。最后，思政协同育人时代性体现在对前沿技术的追踪。步入大数据时代，大学生活动的一举一动乃至思考想象皆以数据呈现，数字化表征揭示了大学生的真实自我，教育主体基于因果关系考量和经验直觉而形成的教育决策可能并不具有相当的可靠性。大数据超算、大存储、云计算、深度学习实现了大数据思想政治工作的技术突破，不仅驱动思想政治工作内在机理对容错思维、全样思维和相关思维一定程度的认同性接纳，更在研究视阈、信息化分析方法、智慧化育人载体、一体化服务平台、科学化反馈与评价机制等方面变革思想政治工作，从内里和外显双重维度建构大数据思政新模式，重视网络育人、数据育人，以思维和技术的同步创新增强高校思想政治工作的时代性、生命力、感染力，提升高校协同育人的精准性、人文性、实效性。

四、整合性协同原则

整合性协同原则是高校思政协同育人的保障。高校思政协同育人以系统论为理论基础，其整合性协同原则必不可少。一方面，思政协同育人处在"群己关系"的社会交往中。有效的协同整合，有利于良性社会资源的有效转化，如和谐、友善、诚信等资源转化为积极的思想政治教育，推动高校育人目标的实现，为高校思政协同育人格局的构建创造条件。另一方面，高校思想政治教育协同育人重视人的全面发展。多元主体、部门、平台等在协同育人中充分整合智慧和正能量文化并合理消费，有利于促进新青年德智体美劳的全面发展。

五、延展性协同原则

延展性协同原则是高校思政协同育人的创新。目前，高校思政协同育人体系还存在弊端，深刻反思协同育人的包容性发展是重点。一方面，坚持延展性原则是实现目标的诉求。培养全能型人才，需要开放的、全方位的育人环境，并在问题和发展中实现符合时代的正确转变。另一方面，延展性协同原则是各育人要素互动的需要。各育人要素具有自身优势。在开放的互动中容易受自身因素的影响而影响育人效果，因此需要以协同创新为导向和重点，创新互动方式，实现协同育人的人本化、互通化建设。总之，延展性协同原则的实现要在统一规划下进行，在开放的格局下实现目标的诉求和各要素的创新互动。

六、科学性原则

在遵循思想政治工作一般规律的基础上，运用大数据和协同领域的理论和方法对过程中出现的问题进行思考、分析和解决，援引出科学结论，以此凸显思想政治工作科学内涵和科学价值，是大数据时代高校思政协同育人的基本指向，其科学性主要体现在对"三大规律"的遵循。首先，遵循思想政治工作规律。思政协同育人要坚持社会主义办学方向，以党的坚强领导作为有力保证，围绕立德树人任务，加强理想信念教育，用马克思主义的科学世界观和方法论引导教育大学生，用中国特色社会主义理论体系铸魂育人，提升大学生的理论自信；要以习近平总书记最新的一系列思想政治工作论述和教育思想为科学指南，用科学性、真理性的理论为思想政治工作提供指导实践，为大学生成长成才奠定牢固的思想基础，用社会主义核心价值观增强大学生价值自信和价值认同。其次，要遵循教书育人规律。高校不仅是传播科学知识的高地，更是育人的摇篮，其第一层次任务是教书，更高层次的目标则是育人。高校思想政治工作要用好课堂教学主渠道，深耕思想政治理论课，其他各门课程要"守好渠""种好田"，形成协同效应，促进教书与育人协同一体，做好知识传授与思想培育、价值引领、品德塑造的统一。同时善于利用校园文化、社会实践、科研实验的育人要素，让大学生在文化熏陶下、亲历体验中、科研训练中受启发、长才干、提素养。最后，要遵循学生成长规律。大学生属于独立意识强、自我意识强、个性诉求鲜明的一代，且价值观和情感心理尚未成熟。大数据时代下的高校思想教育要形成科学工作观念，营造平等互动、民主讨论的学习氛围，尊重学生的主体个性差异，善于运用大数据科学的思维、方法、技术手段分析大学生心理行为变化规律和研判学生思想变化动向，回应大学生需求，多采用引导式、体验式、互动式、鼓励式的方法对学生进行思想教育，将思想政治工作价值性的内容讲得"有意思""有韵味""有温度"，让学生听得懂、喜欢听，用社会主义正能量的传播和宣扬引领大学生身心和人格健康发展。

第三节 思政协同育人的特征

一、主体的多元性

"全员育人"是加快形成协同育人格局的重要一环,它是指不同思想政治工作主体基于一致目标协同塑造大学生价值信念、引导大学生政治培育、疏导大学生心理隐忧、铺垫大学生成才之路、供给大学生情感关怀,促进大学生的成长进步。专职教师、学生工作队伍、党团组织、家庭、企业、社会等多个主体构成了思想政治工作活动的主要能动性因素,专职教师作为思政协同育人的主体力量应当将学生的思想道德教育融入课程学习、科研训练、职业指导等任务中,通过不同形式和多元化的内容对大学生施加影响,要在大学生的政治观、文化观、价值观和思想认知层面留下深刻印记。学生工作队伍作为学生日常生活和学习管理工作的组织、实施与监督者,也承担着学生思想行为教育的职责。

二、对象的复杂性

思政协同育人的直接对象是"人",是正处在成长关键期和思想敏感期的大学生,他们思维活跃、行为多样、辨别意识能力较差,对于人生价值和外在世界的认知尚未定型,在思想和行为层面都呈现出极高的复杂性。思想政治工作对象复杂性体现在两个方面,一方面是大学生的思想和行为变化快。随着互联网的发展,社会思潮在网络空间不断滋生和蔓延,一些带有普世价值观、新自由主义、民族虚无主义、功利和享乐主义色彩的思想主张借助美丽的外衣,以隐性的方式在高校校园里集散和潜伏,不断刺激着当代学生的价值观念、思想认知、道德观念,也对高校意识形态领域的话语权威形成了不小挑战。学生的思想、心理和行为变化速度极快,致使思想政治工作者很难把握教育对象思想行为发展的确定性规律,也就难以精准定位施策的着力点。另一方面,对象复杂性还体现在大学生思想和行为的矛盾突出。伴随社会主义改革的深入和网络应用的全球普及,社会环境和社会舆论变得更加复杂多变,一些错误思潮和信息舆论迷惑了部分大学生,使他们对正确价值观的群体认同和内在认同有所削弱,这就导致大学生群体中出现理性思考和关注现实的意识弱化、政治信仰模糊、民族认同降低、疏离传统道德甚至仇视社会、心态浮躁等问题。一些大学生在面临价值判断和道德选择时，常常疑惑重重；为理想信念奋斗时，常常意志不坚；面对集体利益与个人利益、当前利益与长远利益的协调时，常常认识不清。他们在思想和思维上的彷徨、困惑最终表现为行为矛盾，衍生出行为出格、错乱、攻击等问题。大学生对思想和行为统一性的缺乏，加大了思政协同育人的难度。

三、方法的精准性

在大数据的支撑下，可以借助学校教务系统、学生信息门户、校园一卡通、社交平台、视频监控中心等一体化系统，以离线采集、在线采集、互联网采集等模式实现学生数据采集动态化，对数以万计大学生的课堂出勤、图书馆借阅、食堂消费、归寝情况、运动锻炼、社会交往、社会实践等多维数据和指标，以及他们在网络上留下的文字、音频、视频、表情数据进行全面采集、记录、监测，汇聚成强大数据流，构建个人用户元数据库。大数据分析建立在统计学学理基础和机器学习技术支撑下，通过算法编程预先设计数据分析方式，从而实现数据的自主记忆与识别、智能分类与存储、超级运算、深度分析，刻画每个学生相关性动态轨迹并输出形成共性词条，从庞杂的数据中析出大学生的行为偏好和习惯、学情考情、就业偏好、心理意向、犯罪动向，构建具象化、可视化学生用户画像、模型、图表。同时大数据可以监测高校舆情危机，分析舆情产生源头，科学研判其演变动态，及时启动预防和应急处理机制。大数据应用是数据发声、创造价值的过程，这一过程体现在大数据结合不同的环境和目的，告诉教育者怎样的决策是科学的，如何实施才能降低教学管理过程中的风险和成本。对于学生而言，大数据为每个学生生成个性化、精准化成长方案，提升学习推送精准度，使思想政治工作内容精准对接大学生的情感需要、价值需要、心理需要、学习需要。

四、资源的共享性

高校思政协同育人资源共享性特征，体现在资源的跨群体、时间、空间的流动、传输、共用。其一，资源的跨群体共享。高校思政协同育人必然要打破高校与其他主体之间的壁垒，依托网络建立沟通渠道和开放的大数据交流平台，进而丰富思政育人资源内容、提升资源配置效率和服务水平的同时也成为联系主客体的一种物质形式，促使不同主体在数据这一载体的连接下结成相互关系，加速大学生和高校教师之间，各学院和部门之间，高校与家长、社会组织、政府部门、企业之间的信息交流、数据分享、跨界合作步伐，打破数据垄断，使数据资源在不同群体之间的流动过程中提升自身价值。其二，资源的跨时域共享。每个大学生的学习行为、消费行为、社交行为、运动行为皆以数据形式爆炸式叠加、增长，形成思想政治工作数据资源，这些资源依托手机、平板、校园网站、微博、微信、QQ等多种介质组建的庞大传输网络，实现即时传输、分享、获取，彻底改变了传统教育时代下思想政治工作资源共享不及时的弊端，使高校思想政治工作者可以在第一时间获取最新信息，从而及时调整教育决策和方案。其三，资源的跨区域共享。数据驱动的资源共享平台基于区域精准定位，自主整合区域内的有效资源，打破空间物理条件对数据流通和共享的限制，突破区域壁垒，形成开放、互联、共通的网络空间环境，推动育人主体共建、共享数据信息网络，发挥出大数据信息资源多重效益和价值，融合多种教育力量，完善协同育人模式。

五、路径的聚合性

聚合是指单个事物或元素以某种方式从离散到集中状态的转变过程，而高校思政协同育人的路径运作即校内校外、线上线下各项育人素以大学生为核心通过协同方式实现作用力聚合的过程。大数据背景下，高校积极推动人才培养工作与技术接轨，改变了物理技术支撑下的思想政治工作信息传播、资源获取、人际合作的机制和方式，即改变了高校育人的路径。对于大学生个体而言，需要接触多个客体对象，如教师、家长、社会人员等，接收来自多方面的信息资源，以掌握个体成长所必需的多个学科门类的知识技能素养，从而获得全面发展。然而，教师、家庭、社会、企业等主体地理位置布局的分散性及思维的封闭性却制约了协同育人模式的形成。基于开放、互动、自由的思想政治工作空间和大数据一体化平台网络，打造完善成熟的高校体系化、全方位、全天候育人网络，构建有机互动、双向"互哺"的教育合作机制。各大育人主体以大学生为聚合中心点，教师、家长、社会群体等从育人空间中的多个定点协同发力，构建开放式、互动式、双向式、协同式的工作关系和样态，共同合作、共同参与，形成高校、家庭、政府、社会、企业合力育人格局，协同开发各类育人要素资源，在育人路径的选择、资源的供给、数据源参考上与大学生现实培养目标、个性需求相互匹配，使各大主体有针对性发挥各类资源价值协同效应，共同致力于大学生的个性化成长和发展，在大学生思想、心理、情感、道德观、价值观、文化观等方面的变化中彰显思想政治工作的价值。

第四节　思政协同育人的价值

一、强化思想政治工作服务的针对性

传统模式下的高校思想政治工作囿于信息工具及采集、记录、存储、流通技术的限制，思想政治工作只能依托于课堂出勤、作业考试、局部调查、随机采样、个别访谈等方式反馈出学生存在的思想问题，从而提供相应的服务。但是一些"表面现象"和教师的主观臆断导致部分高校思想政治工作方法走向了模式化，其供给的内容缺乏针对性和吸引力。在协同育人理念、方法、路径、细节、效果评判等环节体现出针对性，针对个别群体、个别问题、个别需求供给服务，强化了思想政治工作服务的针对性。首先，大数据精准研判学生需求，提供针对性服务内容。大数据"样本＝总体"的数据模式能够使思想政治工作数据样本从个体转变为全体，数据规模从小部分转变为海量，数据类型从一方面转变为全方面、多层次，创造了高校思想政治工作全体样本和所有数据的量化分析方式，透过大学生学、吃、穿、住、行多维数据的挖掘、分析、清洗、建模，发掘信息数据背后的隐藏信息，剖析学生的特殊需求和个性差异，精确定位大学生的需求层次，预测大学生思想和行为动向，有针对性地为不同大学生提供思想引导、政治教育、心理疏导、情感感化等服务，满足学生在成长发展过程中的需要和期待。其次，大数据敏锐感知大学生思想行为问题，提供针对性对策。大数据系统掌握样本全部数据，能够研判大学生对象的一般性发展规律和动态曲线，一旦出现细微"差错"，便立即启动危险预警机制，快速诊断学生在思想、心理、身体、行为方面可能出现的异常问题，如学习成绩下滑、信仰迷失、违法违纪、心理焦虑、犯罪倾向等，帮助思想政治工作育人主体深入了解学生的疑惑困惑，主动关心学生内心的真实想法，提供人性、温暖、个性的关怀引导服务，帮助大学生解决困惑难题。最后，

大数据真实评价育人效果，提供针对性改进方案。

二、增加文化自信

一个国家的发展有赖于民族文化建设。对民族传统文化和价值观的认同感和自信直接影响本民族的荣辱和国家的整体性意识形态。

儒家思想是中华民族的文化象征，是历代儒者的思想荟萃，是中国乃至世界教育史重要的智慧宝库。儒家文化因其思想先进性和民族代表性，砥砺着无数中华儿女继往开来，不断为文化宝库注入新的思想血液。儒家思想在内容丰富性、思想广度及文化指导性和底蕴层次上，都具有非常雄厚的实力优势。在高校思政教学中融入儒家思想，能够起到传播、传承和弘扬优秀传统文化的作用，进而提高高校学生对民族文化的认可度，增强对民族文化的自信。

三、利于立德树人

中华优秀传统文化的突出体现，在于儒家思想及其强调的人格修养。从儒家将德行放在人才培养的首要地位，可明晰德行在儒家思想中的重要性。在对崇高道德理想的追求上，儒家不计代价。所谓"舍生取义"（《孟子·告子上》），君子纵使为道德付出性命也绝不吝啬。儒家思想中的"君子"人格思想对于高校学生的道德人格提升有着不容小觑的价值和作用。高校思政教学中融入儒家思想，能让学生在道德情感上得到陶冶和升华，进而强化自我约束，形成良好的道德行为习惯。思政教学中融入儒家思想的价值在于加强道德规范的内化，提高学生道德素养，利于达到立德树人的根本要求。儒家思想能够从根源上阐释以德树人、以礼立世的行为道德修养及规范准则，促进我国社会主义精神文明建设。

第三章 新时代高校思政协同育人现状

伴随着高校思政协同育人的开展与推进，虽然在实施过程中遇到了些许困难，然而高校思政协同育人同样取得了一定的成效，这对推动高校思政教学改革发展起到了积极的作用。

第一节 思政协同育人取得的成效

一、线下教学取得成果

（一）实践教学

高校思想政治理论课实践教学的产生并不是偶然，而是与社会的发展密切联系的。从历史的发展过程看，实践教学思想最可以追溯到春秋时期各学派的教育思想，实践教学模式主要强调实践形式的多样性，目的在于构建与课堂教学相互促进的思想政治理论课教学体系。

实践教学是相对于理论教学而言的一种教学活动，是以系统的理论教学为基础的，通过实践的方式达到教学目标，在教师的指导下，学生进行实践活动，发挥学生自己的主动性，能动地认识世界和改造世界。具体表现为：通过体验式、研讨式、合作式、虚拟型、辩论赛教学法进行教学，坚持以学生为中心，教师为主导，是当前高校采用较多的一种模式。

实践教学分为课内实践与课外实践，课内实践主张让学生在课外实践的同时，鼓励学生在课堂内进行实践活动；课外实践强调让学生走出教室，在教室以外的地方进行实践教学活动，学生亲自参与探讨、参观、调研。简而言之，实践教学模式以教师为主导，以相关教学内容为场景，以学生亲自参与和体验为方法，以提升学生综合素质为教学目标，完成对课堂上所学到的马克思主义基本理论和观点的验证，强化学生对知识的掌握，使其内化与吸收，最后又用于实际生活。

（二）案例教学

案例教学模式坚持教师主导，以教师为中心。主要教学方式是"传递—接受式"教学，这种模式下构建的大学生和高校教师关系是单向教授式的，该模式与一般讲授模式不同的是，教师会在课前选取大量与内容相关的案例进行比较筛选，用最生动、最贴合学生实际的案例结合内容进行讲授，不再是单一、枯燥的灌输方式。案例教学是为了使思政课堂更富有生动性和贴近实际生活而产生的一种教学模式，结合学生实际，运用准确、生动的案例来服务教学内容。案例的选取要具有典型性，通过对典型案例的分析，展示出其中所蕴含的价值观、道德价值和人生意义，以此引发学生思考与学习，是一种"先教后学，以学为主"的教学模式，这是当前大多数思政课教师采用的教学模式。

（三）专题教学

专题教学模式将各门课程文本分为不同的专题进行教学。该模式是对思政课教材体系再重组的一种创新的教学模式，对传统的讲授式教学模式在一定程度上进行了否定，从教师的专业背景与时事背景需求出发，以教师教为主，对内容进行系统化和模块化的讲解。专题式教学以北京大学思政课的"专题讲座式"为母本，之后又衍生出北京联合大学的"问题导入式"专题教学、中央财经大学的"问题链式"专题教学模式等版本。专题式教学是一种涵盖教学方法、社会实践和学生考核等各方面的综性教学法模式，也是教育部大力推广的一种典型模式，已经为国内许多高校所实践，并在北京地区高校中居于主流地位。

二、网络教学取得成果

（一）网络教学

信息技术的发展推进教育改革，人们逐渐将信息技术同思政课结合，构成网络教学模式，高校思政课网络教学模式坚持大教育观，强调大学生和高校教师双主体，依赖信息技术、手机等媒介进行教学。由于网络的特殊性，网络教学模式教学内容比其他教学模式所涵盖的内容更广泛，其涵盖了各个领域。网络教学模式是一种随着信息化发展而形成的信息加工型教学模式，这种教学模式是在近几年才逐渐开始广泛运用于思政课教学中的，需要网络媒介将教师与学生关联起来，打破了传统思政课中时间与空间的限制，是六种教学模式中最先完全脱离学校教室的一种模式。把传统的教室转化为网络教学平台，在平台上构建教室，学生与教师不再局限于教室中进行教学活动，而是把教学活动转移到教学平台中，运用双向互动法，实现教师与学生课上课下有效互动。

（二）线上线下教学

线上线下教学模式将课堂教学与网络教学相结合，与网络教学模式密切相关，又与其有所区别，最早是2009年在南京师范大学的思政课教学中实施的，逐渐为众多高校所使用，尤其是在疫情防控期间，其优势显现，众多高校开始推广使用和进行深层次的研究与改革。线上线下教学模式以学为主，强调先学后教，注重学生自学习惯的养成，以建构大学生认知体系，帮助学生自学教材和拓宽视野为教学目标，以学生自学与教师线上讲授为基本形式，是在网络教学模式基础上进行改革与深化的一种教学模式。

综合六种教学模式，其中运用较多的是实践教学模式、比较教学模式及案例教学模式，这三种教学模式都是高校思政课教学模式中出现的较早的教学模式。后期随着老师的专业背景不同，每位教师擅长的方向不一样，开始出现分科/专题教学模式，目的在于减少教师教学与科研的冲突。随后网络教学模式与线上线下教学模式出现，这两种模式主要基于网络技术的成熟和人们受网络影响越来越深。对教学模式的不断探索，高校思政课教学目标和原则、条件保障、教学内容、教学方法和教学理念不断发生变化。

三、高校思想政治教育对象主体意识增强

习近平总书记关于意识形态工作的重要论述中强调了人民性，意识形态领域的一切工作都要依靠人民、围绕人民，为了人民群众的根本利益。用该论述中的观点和方法分析高校思想政治教育，可以看出高校所面对的教育对象是学生。因而，高校思想政治教育务必做到以学生为本，实现全程、全员、全方位育人。对于高校思想政治教育而言，学生就是学习的主体。

一方面，当前大学生对于思想政治教育持积极配合的态度，会主动看"学习强国"等网络平台上的思想政治内容，对于高校思政课的学习主动性也比较强。

另一方面，传统意义上的高校思想政治教育更加注重强调思想政治理论知识的灌输，主要以课本教材内容为教育重点，以教师的讲授为中心，在很大程度上削弱了学生作为学习主体的原则。习近平总书记指出，思想政治工作从根本上说是做人的工作，必须围绕学生、关照学生、服务学生，更加重视和尊重学生在思想政治教育课堂上的学习主体的身份和地位，通过课前预习活动、课上交流讨论及课后开放性任务的完成及反馈，极大地调动了学生的学习主动性，引导学生学会自我发声、深入思考，使得学生从灌输式教育中得以解脱，从被动性学习转向主动性参与，有利于学生对于知识的内化和升华，学生作为学习的主体性意识得到了很大的提高，思想政治教育实效性自然增强。

四、实效性初步显现：理想信念得到强化

首先，多元主体初步形成协同意识，育人主体的主体性和社会性被激发，思想道德水平得到初步提升。通过分析对比部分高校近两年关于大学生理想信念的调查报告得出八成以上大学生的理想信念不断提升。具体表现为大学生的思想更加积极进步，越来越关心政治，尤其是热点问题；大学生集体观念增强，大部分学生可以把集体利益放在首位；大学生生活态度更加积极乐观，能够以进取的心态追求实用主义；大学生自我意识增强、思维活跃，学习生活中自我教育能力提升；等等。随着中国社会主义现代化的发展，大学生的理想信念将会更上一层楼，为实现中国梦而奋斗终身。

其次，课程中的德育资源得到一定程度的挖掘，马克思主义理论和中国特色社会主义理论成为理想信念的有效支撑。习近平总书记多次在会议上强调要做好大学生的理想信念教育工作，发挥好思想政治理论课的优势。一方面，思想政治教育理论课考查方式多样化，笔试、网课、实践等相结合，在多样的考核中，学生学习积极性提高；另一方面，关于理想信念内容的思政选修课产生，受到大学生追捧，学生的理想信念得到强化。

最后，平台环境得到一定程度的净化，课上课下、网上网下两联动，陶冶人的精神世界，直面人的生活世界。关于学生理念信念教育的网络端口层出不穷，如"学习强国""e支部""爱思政"等,学生通过App、微博、QQ、贴吧等途径随时随地学习,进而强化理想信念。

五、高校思想政治教育师资不断优化

教育者的思想素质修养和知识理论水平很大程度上影响着思想政治教育的效果,高校在重视主渠道建设和发展的同时,更不能忽视对教师队伍的建设,要不断推进队伍建设,健全管理及激励体制机制,保证队伍源源不断、后继有人。其中,突出强调了数量充足、素质优良的师资力量对于高校思想政治教育工作的推进极其重要。根据问卷调查的结果分析得出,目前绝大多数的教师思想政治水平和理论知识素养都基本符合思政教育者的基本标准。同时,高校要认真贯彻习近平总书记重要讲话精神,坚持"严格标准、精心选拔、优化结构"的人才选拔方针,从"入口"处严格把关;要更加重视构建良好的工作文化环境,组织开展教职工文化活动,教师队伍形成了和谐友善、积极向上的工作氛围;绝大多数高校会定期安排思政课教师参与党章党规的学习及召开重要会议精神领悟讲座,保证思政课教师信仰坚定。

六、高校思想政治教育课堂主渠道作用明显

习近平总书记强调"意识形态工作是党的一项极端重要的工作"[1],突出强调了习近平总书记对于意识形态领域工作和建设的重视。意识形态性作为至关重要的属性与意识形态教育的内容共同寓于高校思想政治教育当中,且其内容也包含了意识形态教育的内容。因此,高校要想通过思想政治教育筑牢学生思想意识防线,必须要强化科学理论的导入,首要途径就是思政课。通过课堂,实现对大学生政治理论知识的输入和思想的引导。

因此,高校思政课承担着教化大学生思想意识、培养学生健全思想的重任,对高校全局建设也有着重要意义。习近平总书记认为,思想政治理论课是实现立德树人根本任务完成的关键,其作用无法替代。近年来,全国高校谨遵党和国家在高校思想政治教育方面提出的新政策和新要求,把思想政治课堂作为教育主渠

---

[1] 习近平:胸怀大局把握大势着眼大事 努力把宣传思想工作做得更好[N]. 人民日报,2013-08-21(01).

道进行优化与发展,并将其看作高校一切工作推进的关键和学科建设的中心任务。高校谨遵立德树人的教育发展理念,并将此理念贯穿教育教学全过程,从学校、社会到家庭形成教育的强大合力,全方位、多角度地促进思想政治教育的最佳成效。最后,高校也不断提高教学能力、培养师资队伍,使高校思政课极大地发挥其主渠道的作用,实现高校思想政治教育最大成效。

第二节 思政协同育人存在的问题

一、传统教育的滞后影响

(一)传统教育方法和内容对新时代高校思想政治工作的阻碍

随着党的发展壮大,马克思主义中国化理论成果日益丰富,中国共产党指导思想的体系内容也随之壮大。多数高校在开展协同教育时,为了避免出现教学内容上的偏差,也为保证教育教学的严谨性和正确性,选择将传统和保守的思想政治教育方式和内容全部保留并加以运用,如思想政治教育和党建工作协同育人实施过程中,基于传统教育方式的影响,久而久之,党所作出的新指示、传达的新思想会与传统教学内容产生一定程度的脱离,大学生在学习过程中会将"马克思主义哲学"和"习近平新时代中国特色社会主义思想"当做完全独立的学科来看,从根本上误导大学生对马克思主义中国化理论成果的正确认识。其次,传统教学内容比较陈旧,若不能及时融入党的新思想理论,不能深入贯彻党的新会议精神,就不能保证思想政治教育的开展坚持党作出的最新指导,高校党建工作和思想政治教育的开展就会产生偏差甚至会产生严重的错误。若思政课教师简单地认为学生记住、背过就是掌握,只是单纯地进行理论讲授,而不去教会大学生如何结合实际正确运用这些科学的理论,那么党的指导思想传达也只是流于形式,不能深入人心,也不会产生潜移默化的效果,导致大学生在面对当今时代的一切新生事物和思潮时,无法结合自身接受的思想政治教育理论和科学指导思想进行正确分析和判断。

（二）大数据技术应用与传统育人模式不相对接

高校思政工作协同育人依托大数据科学对平台、手段、载体进行技术置换，革新教育理念和模式，加速思想政治工作科技迭代、思维转型、方法升级、模式优化、效果可视，建构信息化、个性化的思政课实践教学新模式。由于大数据逻辑与思想政治工作人文本质疏离等问题，影响了思想政治工作协同育人达成推动大学生的思想、情感价值观及行为向符合现实要求和社会角色转化的既定目标。

其一，大数据对思想政治工作主体思维改造浅显。大数据强调全部而非随机、混杂而非精确、相关而非因果三种思维方式，并要求主体以这三种思维方式审视工作对象。经实证调研发现，高校思想政治工作主体育人思维受传统教育观的影响仍然较大，运用大数据全样、混杂、相关思维方式剖析思想政治工作主体、对象、环体、介体等要素关系的积极性还比较欠缺，其在工作中对大数据理性思维、数据思维、推理思维、全样思维、整体思维、伦理思维的运用较少。总的来说，在当前高校思想政治工作中，大数据思维作为世界观和方法论的指导意义还需要提升，以强化教师在全样本中剥离个体规律、在混杂数据中识别有效字段、在相关关系中揭示思想政治工作一般规律和个体规律的精准性。其二，大数据技术与思想政治工作手段嫁接生硬。高校思政教学工作者往往通过大数据"技术赋能"对思政课堂、新媒体平台、在线学习网站、App 教学产品、微信公众号、论坛贴吧、虚拟现实平台、线下育人基地进行技术提升，然而在实际教学中大部分高校并未形成个性化、定制式的思政教育。

（三）缺乏一以贯之的理念

目前，协同理念虽已初步形成，但这一观念并未真正植入每个育人主体的心中，也未真正贯彻到教育中。缺乏一以贯之的理念，做不到观念相续、心心靡间。具体表现有：首先，协同育人理念贯彻的力度不够大，顶层设计不完备、制度体系不完善、育人环境不浓郁，导致协同理念自上而下贯彻出现形式化；其次，协同育人理念贯彻的意识不强，各育人要素基本保持原有的状态完成育人目标，协同互动中存在推诿、排他等不良反应；最后，协同育人理念贯彻的方式欠佳，各育人要素贯彻协同理念的方式只是通过简单的学习、实践，简单地贯彻，并未从根本上找到适合的协同方式。

二、两支队伍协同育人的热情不高

两支队伍是协同的主要力量,协同依托于他们的主动参与和积极互动。但现实中,两支队伍面临各自的考核和发展压力,对于协同的热情和积极性不高。

首先,思政课教师教学科研压力大,无闲暇时间参与协同育人。思政课教师的考核晋升指标中,学术论文的发表是其中之一,但现在许多教师也面临着"发文难"的问题,尤其是核心期刊、C刊等更是"一版难求"。同时,部分高校对新进青年教师提出了严苛的考核条件,入职几年内完不成要求的教学科研量,就面临着"非升即走"的问题。

其次,学工系统教师事务性工作繁重,不愿增加负担。以高校辅导员为例,教学中各种烦琐性事务基本都落在辅导员身上,事务性的工作繁重,不少辅导员甚至产生焦虑情绪,不愿再额外增加负担。"无论什么事,都找辅导员,光处理日常事务就够我们焦头烂额的了,一到开学毕业,还要加班加点做表开会,所以只要不要求大家干的,谁也不愿意给自己额外找活干",一位辅导员老师说出了自己的看法。而其他的学工系统,因为自己所负责的工作不同,在不同的时期也会出现常态化加班情况,例如每学期初的学生处、毕业季时的就业中心,都因学生在一定阶段的需求增加,出现人手不够、事情琐碎、任务繁重的问题,这种情况下完成本职工作已属不易,更是对协同育人工作无暇顾及。

三、缺乏完备的顶层设计,做不到密集出炉、衔接有序

顶层设计的关键性体现在:一是具有方向上的引领性,高校人员在顶层设计的引导下,明确工作目标和任务,激发工作的主动性,协调行动,减少盲目性,同时顶层设计还发挥约束和监督作用,指导各要素有序参与协同工作,约束不良行为、提高工作效率;二是具有方法上的指导性,思政协同育人出现问题时,顶层设计能有效地厘清问题的先后顺序,促使人员迅速找到问题的原因,对症下药,高效完成协同育人工作;三是具有内容上的统筹性,高校思政协同育人顶层设计必须站在切合实际的高度,才能有效统筹各要素的协同工作,及时避免工作冲突、责任冲突;四是具有行动上的实践性,在目标的指导下,协同育人顶层设计只有有效落实,发挥其操作性,才能促进育人工作的高效贯彻和执行。

目前,高校思政协同育人的顶层设计虽已初步形成,但还不够完备,做不到

密集出炉、衔接有序。具体表现有：一是顶层设计的决定性不够有效，协同育人理念与总目标源于顶层，然而思政协同育人工作的地位不够突出，导致成效甚低；二是顶层设计的整体关联性不够强大。各要素在顶层设计的决定下，围绕协同育人理念和目标所形成的关联性不强，各要素各行其是，缺乏要素间的衔接和匹配；三是顶层设计的实际可操作性不强。思政协同育人工作处于探索期，育人成效初步形成，仍需抓住本质进行有效设计。

因此，制定有战略高度的顶层设计，实现协同育人自上而下有效衔接，需要站在全局高度、贯彻协同理念、集中有效资源才能实现。

四、工作中缺乏长期稳定的沟通合作

近几年来，协同育人被教育部门和高校日益重视，但长期以来缺乏沟通交流的传统教育模式和方式，使双方在教学过程中缺乏深度的沟通和联系。

一是教育管理部门归口存在差异，跨部门的合作存在一定阻碍。主渠道与主阵地育人的管理涉及学校许多机构，但两者的部门归属不同，难以深入融合。课堂教学的主渠道主要归马克思主义学院、教务处、研究生院等部门负责，他们隶属于马克思主义学院；而大学生日常思想政治管理工作则由学生处、院系学生办、就业中心、心理辅导中心、团委等部门负责，其中，辅导员、班主任由学生处和院系共同管理，而其他心理辅导老师、就业指导老师、团委老师等大多为所在部门的专职或兼职教师。虽然二者之间都处在学校党委的统一领导之下，然而大部分人不会主动去寻求沟通，这些部门和两支队伍多数时间停留在各自管理、各自教育的阶段，即使有交流，也都是表面上或短时间的活动组织上的合作，没有建立起有效的跨部门沟通和交流机制。

五、高校"全方位育人"机制未深度落实

在育人过程中，课堂、家庭、社会等教育的缺失实则是"三全育人"联动机制中的"全方位育人"工作机制没有深度落实，全方位育人代表着"三全育人"体系坐标中的空间坐标，标志着各要素的活动范围，学校、家庭、社会及其他教育场所构成了这个"全方位"，在学校、家庭、社会中呈现出来的问题可以从以下两个方面分析。

从教育环境的开放程度角度分析，依据空间的封闭与否，可将教育环境分为封闭式空间（现实育人中的课堂教学）和开放式空间（虚拟网络上的教育）。二者对应了传统的课堂育人和新型的新媒体育人，作为传统的育人工作主阵地的课堂在新时代被以虚拟网络为载体的新媒体教育所取代，这让传统的课堂育人中自上而下的"填鸭式"教育无所适从。传统教育中，教育者会借助课堂形式将受教育者牢牢拴在课堂上，形成无形的强制力，忽视了受教育者内心真正的感受和诉求。而开放包容的虚拟网络平台上的教育一定程度上让受教育者有了选择教育资源的自主性，摆脱了物理空间上的限制，逐渐让教育者在这种看不见、摸不到的环境中丧失了强制约束力，当这种优势不复存在后，那种优质的教育资源更能赢得受教育者的关注度和认可度，进而会引入类似于商业竞争的"教育竞争"，让更优质的教育资源被更多的受教育者认可，会直接影响到整个社会，乃至国家的育人发展方向。其实不论是现实环境还是虚拟网络环境"教""学"应该并重，不能轻视任何一种教育教学形式。新冠肺炎疫情暴发后，全国的学生都按照教育部统一要求在家上网课，这种所有科目都上网课是有史以来第一次，就连体育也不例外。这让很多老师无所适从，不知道如何提升自身的存在感、不知道如何互动等问题都暴露出教师平时教学形式的单一性。

六、育人工作领域融合不深入

高校思政协同育人中各个领域之间具有相互促进的作用和密不可分的联系，但是由于二者在现实中是由不同的部门负责管理的，具体实施起来的工作内容和环节也存在一定差异，因此很容易出现缺乏衔接、协同的现象。以下以大学思想政治工作与党建工作协同育人为例进行说明。

第一，工作领域脱节严重影响大学生党员的发展质量。若二者"各司其职"，大学生对于党的认识和理论思想的学习不到位、不透彻，就会出现政治信仰、理想信念的偏差，大学生党员难免出现入党动机功利化等现象，严重影响到高校党建工作的严格性和党员队伍的整体素质水平；由于高校党建工作的严格性和严肃性，众多高校在开展党建工作的同时，为了保证正确的工作方向和性质，往往将其与行政工作归于一类，从而造成思想政治教育在高校党建工作中的重要性和引导监督作用被忽视，大学生党建工作的教育价值也被削弱，使得大学生党建与思想政治教育工作效率不佳，大学生党员队伍质量下滑。

第二，工作领域脱节导致大学生党建工作缺乏针对性和互动性。从二者紧密的逻辑关系上看，涉及的对象和群体之间都存在着必然联系。从教育阵地层面来看，大学生党建工作的开展通常局限于课堂、会议、讲座上的传授与渗透，高校思想政治工作的传统教学只流于形式和表面，但是在现实生活中二者对于大学生的宿舍、社团活动和校园网络都具有重要的监督引导意义。二者未能深层、有效地渗透到大学生的生活与校园文化环境中，也就无法对大学生的学习、业余生活进行正确引导。从另一方面来说，高校党组织管理者与大学生之间存在"隔阂"。大学生与思政课教师、党建工作者之间虽然联系紧密，但是由于党建工作自身的严格性和特殊性，党建工作者与大学生群体没有太多直接交流和接触的机会，党组织领导者对相关工作的部署也只是传达到各专业院系的辅导员、党支部负责人那里，造成大部分高校党组织工作者与大学生之间缺乏一定的交流和沟通，致使党建工作者不能从日常生活、学习中真正了解大学生，大学生党建工作也因为与大学生群体脱离而缺乏和大学生的互动性与工作的针对性。

七、缺乏完善的制度体系，做不到不愆不忘、率由规章

制度体系保障的重大意义体现在：一是具有方向上的引导，通过制度的规范，引导不合理的协同内容和方式，保障思政协同育人朝正确的方向发展；二是具有内容上的规范，各要素出现协同危机，制度可以给予及时的规范；三是具有行动上的指导，指导各要素按制度进行协同，并用制度保障协同行为的顺利进行。

然而，高校思政协同育人的制度体系并未实现上下统一和左右衔接，做不到不愆不忘、率由规章。具体表现：首先，高校多元主体和部门协同育人的协同、监督、评价等制度不完善，如部门及人员合作意识淡薄、相互推卸责任、协同危机监管不到位等；其次课程协同育人制度不完善，思政课程向"课程思政"转化的效果不明显，缺乏考核和评价制度；最后，高校在育人平台上缺乏制度的约束，学生逃课现象严重，网络和校园环境纯洁系数和安全系数不高，学生受到潜移默化的正影响不深刻。

八、缺乏浓郁的育人环境

高校环境是育人的基础，也是育人的一种手段。良好的环境给人以积极向上的影响，反之亦然。良好的育人环境的作用体现在：一是具有方向上的引导，良好的育人环境有利于各要素净化心灵，树立正确的价值观；二是具有行动上的指导。良好的育人环境有利于激发各要素的互动活动，使互动行为更加符合道德规范。

然而，高校思政协同育人缺乏浓郁的育人环境，做不到蓬生麻中，不扶自直。首先，社会文化、社会意识形态的多元化影响协同育人的发展。不良信息的传播，使育人各要素的主流价值观受到一定程度的冲击，导致育人主体和部门思想不统一，导致育人课程中思想政治教育资源的影响力降低，导致育人平台出现虚拟、混浊等。其次，校园环境的变化影响协同育人的发展。校园缺乏浓郁的育人环境，归根结底在于校园的软件建设和硬件建设。一方面，硬件建设存在的问题有：教学楼由多个学院共享，无法有效宣传学院文化特色；辅助教学的工具陈旧；校园商铺分布杂乱；等等。另一方面，软件建设存在的问题有：学生学风不良，功利性强；部门相互脱节；课程德育资源挖掘缺乏；等等。

九、教育者教育信息化动力不足

在这个信息化的时代，网络也越来越成为教学当中必不可少的工具，为教育教学改革创新提供了机遇，有利于增添课程吸引力，提升教学质量。大数据时代各行各业都争先恐后地应用、研究大数据技术，致力于提升自己的核心竞争力。与此同时，高校的思想政治教育也在逐渐引入大数据技术，提升思想政治教育的实效性。快速变化的教学环境，对于教育者的要求比较高，需要教育者对大数据技术有一定程度的掌握，能够甄别真假数据信息，处理学生数据。通过对数据的分析了解学生，针对学生思想行为状况提出有针对性的教学方案。并且教育者也要学习智能化设备，高校学生思想比较活跃、接受事物速度快，但缺乏系统性，需要教育者利用学生碎片化时间进行稳定教育，让学生在网络中潜移默化地接受教育。例如利用微信群组推荐学习信息和重大新闻事件，建立公众号实时推送学习资讯，形成线上线下相结合的教育模式。

目前来说，大数据在思想政治教育当中的运用状况并不乐观，我国大多数的高校思想政治教育工作者还没有意识到将信息化引入教育当中的重要性。思想政治教育是一个人文关怀较为浓郁的学科，研究方法很多都是对学生的调查，然而现在还是采取较为传统的调查方法，比如调查问卷、访谈法、观察法等针对学生心理、思想和行为进行了解。但这些传统方法具有一定的局限性，对部分样本的调查不如利用数据展示全部学生的信息那样，更便于研究者在整体的角度出发，全面地了解学生，不仅提升了思想政治教育工作者的研究效率，更好地应用于实践，还能利用生动形象的数字图表辅助枯燥的理论知识，帮助学生提高学习兴趣，减轻思想政治教育工作者负担。因此，实现思想政治教育现代化发展需要教育者转变教育观念向信息化迈进，努力提升自己的信息化能力和水平，为思政教育增添教育资源，提升思想政治教育实效。

十、教育内容与大数据资源整合不到位

高校思想政治教育工作存在的最大问题就是实效性不强，在感染力和教学效果上来讲需要提高，应该从思想政治教育整体的内容上出发，将所有教育资源都进行整合，再加入现代信息技术，实现对传统教育瓶颈的突破。

将教育内容切实与大数据资源整合起来，首先，要做到学校教育资源和家庭教育资源整合，让家长通过手机客户端等共享家庭教育信息，教育者利用课余零散时间与家长进行定时沟通。但这无疑增添了家长和教育者的工作量，也会存在许多重复无效的数据，导致资源整合的实用性不强，也会浪费大量的人力物力。其次，院系内部的资源整合，想要收集学生的数据信息就需要将学生各个学科的学习信息都收集在一起，许多高校内部院校师资配比不统一、教师资源不一致、很多专业设置比例不协调，这都会影响院系的教育资源整合。学生在上除专业课以外的其他课程时缺失数据统计，与大数据技术融合不够，使得大数据在思想政治教育中无的放矢。除此之外，我国"校校通"已经进入实施阶段，但实际中还不够完善，只是在中小学中实施教学的资源共享，其目标就是让学校以较低的成本获得优秀的教学资源和教学课程，实现校与校之间的资源共享。现在大学间的合作还没有完全实现，无法实现资源共享，原因是一些学校之间教学资源差异较大、硬件设备不统一、平台对接存在困难。加之各校学生需求不同，对于数据挖掘的目标也不一致，合作起来确实存在较大困难，院校之间差距较大，存在标准和研究方向不一致的现象。层次较高的院校不愿将教育和学生资源进行共享，水平相对较低的院校则会出现无资源可用的现象，二者相结合是思想政治教育资源整合的困境。

第三节 思政协同育人存在问题的原因

一、当前合作育人教育机制产生问题的原因

一般来说，辅导员归属学生的管理系统，而思政老师归属教学管理系统。不同的管理系统让二者之间的关系平行，而且大部分辅导员不会由思政课老师来担任，一般来说辅导员都是由本年级本专业的教师来负责的，思政课老师只是负责平时授课而已，与学生接触的机会比较少。学生在有思想问题要请教时，也不方便与思政老师沟通。一般来说大部分问题都会找辅导员来解决。而辅导员一般负责很多日常的学生工作，能对学生进行思想教育的时间非常有限。并且，辅导员一般都是刚进入社会的大学生，并没有太多的阅历，在学生请示一些问题时，因为其本身也不是思政专业，并不能为学生做过多的解答。这样的平行管理造成了思政教育发展的一大难题。平行机制对于大学生的联动产生了较大的影响。

二、高校专业教师职业素养现状分析

高校专业教师尤其是青年教师面临生活压力大的问题，主要表现是待遇低、要求高。有研究认为，当今时代的高等学校，青年教师群体除了普遍面临科研压力较大、教学任务繁重及薪资待遇不高等现实问题外，还遭遇知识学习与道德发展等困境。利用马斯洛的需要层次理论进行分析发现，教师面临的生活困难属于缺失性的需要，这种需要非常强烈，是必须满足的。除了生活压力大等基本生活困难，教师还面临缺乏安全感和顺畅的上升通道等，大大影响了青年教师的士气和道德感的提升。

除此之外，因为扩招等因素造成高校大量引进青年教师，在缺乏科学、系统的岗前培训的前提下，就将这些青年派到教学一线"接最多的课，干最重的活"，

教师缺乏时间备课、反思，也缺乏社会实践经验和实践技能，最终导致专业教师教学能力差、教学方法陈旧。

三、非主流的社会思潮的蔓延

融媒体大大增强了社会的包容度，使得每个人都可以"手握麦克风"，可以成为一个声音源，成为一个自媒体甚至意见领袖。在这种传播形势下，融媒体中，尤其是一些非官方的自媒体或者公众号中，一些视频小程序或短视频中混杂的一些非主流的、非马克思主义的、不健康的社会思潮也会得到传播和蔓延，与其他内容杂糅一同进入大学生的头脑，产生了一系列的"去集体化""去政治化""去超越化"及"物化"的倾向。当然，大部分大学生对融媒体中明显的反动言论和观点还是可以辨别的，但是对一些鼓吹享乐的、崇尚消费主义的、异化奋斗价值的、宣传成功的偶然性及关系至上的言论就缺乏辨析能力和抵抗力。这些消极的、非主流的社会思潮久而久之就如"温水煮青蛙"般消解着大学生对主流意识形态的认同。

四、转型期各种社会问题的出现

融媒体大大拓展了信息的传播和扩散能力，使信息一旦披露在网上，就会呈不可控的几何状蔓延。一些社会热点事件从发生，到在融媒体环境中迅速传播开来，用时之短，是过去不曾有过的。在这种媒介融合环境下，会不可避免地暴露出一些社会问题和个案。

以 2018 年 7 月下旬的舆情热门事件"疫苗造假"事件为例，在新浪微博上搜索"长生问题疫苗"的话题，短短三天阅读量就有 2.5 亿，讨论 13 万，这还不包括一些公安、媒体等官方微博及官方微信公众号的发声和朋友圈的转载。话题的评论中有客观的，也自然会有偏激的、主观的，会有对党和国家不信任，对全面深化改革、对执政党的执政能力存在怀疑的，甚至是一些主观上不怀好意的煽动性评论。这些热点事件的网络舆情，会对大学生主流意识形态认同产生影响。

第四章 新时代高校思政协同育人发展策略

第一节 互联网环境下高校思政协同育人途径

一、"互联网+"教育内涵

（一）创新教育理念

"互联网+"教育，其最核心的一点就是"互联网+"创新教育，通过教师的创新教学、创新育人，引导和激励学生树立创新意识，培养学生具有创新思维、创新精神、创新能力是信息化教育的重要内容和目标。习近平总书记指出："牢固树立改革创新意识，踊跃投身教育创新实践，为发展具有中国特色、世界水平的现代教育作出贡献。"[1]创新人才要靠学校教育来培养，这就要求当代教师必须具备创新的品质，牢固树立改革创新意识，让改革创新成为一种自觉的思维理念、行为方式和目标追求，为创新育人作出贡献。

（二）线上线下资源整合

互联网时代是一个开放、合作、共赢、众创的时代。互联网不仅延伸了现实时空，改变了地理边界，还变迁了关系结构，让社会结构随时面对不确定性，为教育结构的重塑和整合提供了更大的空间。移动互联网使得随时在线成为可能，移动终端随时随地可以被接入互联网，这使教育的"全时空"成为可能。

互联网可以更好地实现孔子的"因材施教"和今天教育专家倡导的"因材施教"的完美结合。因材施教强调教育要从受教育者的实际现状出发，依据学生的认知水平、性格特点、学习能力及自身素质，展开有针对性的教学，促进学生全面发展；因材施教强调要着眼于社会对于人才素质的要求，从国家、民族对于人才要求的德智体美四个方面出发，将学生的个人发展与社会需要很好地结合在一

---

[1] 习近平向全国广大教师致慰问信[N]. 人民日报，2013-09-10（01）.

起，对学生进行着眼于未来的全面成长成才教育。互联网、大数据能够更科学地分析学生的学情和实际需要，而"互联网+"的资源整合能够整合所有的教育主体，形成教育合力，对学生进行立体式的全方位教育。

（三）思政课网络教学与课堂教学

在通过网络教学平台进行思想政治理论课改革时，所有高校管理者和工作者都需要明白改革的基本目标是什么。只有明确改革的基本目标，才能在实践中有思路规划，具体去实施各种行动。网络教学平台的思想政治理论课改革，不只是增加一个网络教学形式这样简单，而是需要将网络教学和传统教学模式融合在一起，实现教育目的。

第一，设置专题教学，丰富教学内容。每节课教学目的不同，就需要教师在备课时下一番工夫。在备课时，必须确定好要讲授的思想政治理论课的主要内容。如何通过学生喜欢和好奇的点引入教学内容，如何设计教学过程使学生能够广泛参与并获得教学内容的理论知识是授课重点。

第二，了解学生的预存立场，及时完成教学评价与反馈。想要不断提高高校思想政治理论课的教学效果，就需要在教学当中注意内容和方法。

首先，教师要明确"教"与"学"的关系。在新时代"教"和"学"两者之间的关系是当前教师尤为关注的问题之一，二者之间的关系在极大程度上影响了高校思想政治教育效果。尤其是随着我国教学事业的改革，学生在课堂中的主体地位日益显著，如何在课堂中提升学生的学习主动性，使其积极参与到课堂教学之中，是高校教师亟须解决的问题之一。解决"教"和"学"的关系，能够将二者从分立的局面转变为融合局面，这对于全面提升大学生思想政治素养有重要作用，同时也是当前我国高校思想政治教育改革的重点内容之一。其次，掌握学生的心理动态。教师在解决"教"和"学"的关系之后，需要时刻掌握学生的心理动态，从而使教学内容具有针对性。曾经因为高校思想政治课的课程少、内容多、班级人数多，所以教师与学生的交流不是很方便。而有了网络教学平台后，教师和学生可以随时沟通。同时，课堂采用课前、课中、课后的网络模式，教师通过网络教育不断对学生进行指导和答疑，也让学生更加了解自己的学习任务。这样就形成了高校思想政治教育学习的闭环，让学生从行动中感受到理论认知，再从理论认知上升到实际行动。这样的反复就促进了高校思想政治教育的发展。

通过网络教学平台，教师不仅能够了解学生的心理动态和认知程度，还可以组织学生在课后对知识进行巩固，为学生总结课中重点，让学生对高校思想政治课的把握更加清晰和明朗。网络平台教学有利于提高学生的期末成绩，也非常适合学生充分理解思想政治教学理论。

二、网络思政协同育人模式内涵

（一）引导大学生正确规范使用移动互联网

大学生作为普遍使用智能手机的群体，其移动媒体的使用素养更应该值得关注和管理。

首先，要对大学生进行法制观念的普及教育管理，在现行的法律法规中，针对网络使用的法律并不在少数，但是移动互联网作为新生事物，针对性法律法规不足，在使用过程中法律界限较为模糊。而高校应该就空白部分进行填补并对大学生进行规范使用教育管理，让大学生有明晰的使用界限意识。除了开展有效的课堂教育外，还可充分运用移动设备，线上开展网络使用知识竞赛、智能答题、问卷小调查，了解学生法律道德现状，促进学生懂法、守法、用法思想的形成，做到自觉规范使用移动互联网。

其次，要加强大学生网络道德教育管理，时代进步的同时公民素质得到大幅提升，道德成为约束公民行为的标准之一。而对于大学生而言，除了日常生活中遵守道德准则外，在网络环境下也应遵守网络道德，移动互联网下遵循自由使用原则，在不触碰法律底线的前提下，使用网络主要依靠道德约束。高校要积极发现大学生在使用移动网络的过程中暴露出的问题，并分析移动互联网不同类型的信息，形成独立解决问题和批判的意识。

形成法律和道德意识之后，还要注重规范大学生移动网络信息传播的行为。移动智能手机区别于传统网络具有便携性、及时性的特点，因此对于大学生教育管理必不可少，在教育中可充分运用移动互联网，了解在信息发布中哪些可为而哪些不可为。在移动互联网中，也可搭载不同形式，对学生媒介素养进行教育，高校要从不同方面对学生的移动媒体素养进行管理教育，对于规范移动互联网使用有深远意义。

(二)借力高新技术打造趣味课堂

高校主流意识形态教育，作为最直接的传播主流意识形态的窗口，在面向大学生时，也应及时更新模式，做到与时俱进。国内外敌对势力在意识形态渗透过程中，针对的主体是尚处于大学校园，但是即将步入社会的大学生。这批年轻的大学生，与移动互联网共同成长，价值观念、行为模式受到网络影响较大。作为意识形态的主要争夺对象，他们的思想在不断更新变化着如果主流意识形态教育课堂继续坚持单一的授课模式，就很难将全部学生的吸引力转移到课堂中。

在移动互联网大背景下，应创新主流意识形态教育课堂教学模式，打造趣味课堂，激发学生对于理论课的兴趣，进而让大学生自觉接受我国的主流意识形态。传统的教学模式中，教师在三尺讲台上滔滔不绝的传授知识。近年来电脑投影的使用，让课堂增添了些许科技的色彩，但是随着移动互联网时代的到来，学生的注意力更容易被不足八英寸的小屏幕智能手机吸引。同时，教师虽然有广博的知识储备，但是相比于智能手机而言，信息量仍然不足以匹敌，而大学思想政治理论课课堂往往采取大班授课模式，移动互联网的发展，能打破这一困境。教师可以充分利用移动智能手机的特性，调动课堂气氛、吸引学生注意、增加课堂趣味性。开课前的智能手机点名签到已在多个课堂实施，通过后期效果反馈可以发现，学生对于这样新颖的点名方式是认可的。同时，使用移动智能手机进行点名，以实时打卡的形式，也增加了学生的到课率。在课中，除了使用投影仪外，课堂也可以加入移动智能手机的使用，通过使用应用软件，进行课堂提问，检验课堂教学成果等。在传统课堂中，教师更倾向于提问靠前排或者自己相对熟悉的学生，部分学生可能会由于性格内向，被老师忽视。而移动智能手机的随机提问功能，恰好弥补了这一问题。利用智能手机，全体学生加入同一平台。在课堂中使用移动智能手机，弥补了因教师的单向输出而导致的课堂气氛低迷的情况，有效提高课堂到课率及学生学习的积极性，引发各个专业学生的共鸣，让学生在主流意识形态教育课堂找到自己的"存在感"，充分理解课堂知识。

三、通过微博整合思政课教学的热点资源

微博是个大杂烩，内容包罗万象、天文地理、博古通今、海内外、文理科，应有尽有，微博热搜更是实时更新，深受大学生喜爱，所以我们要正确运用微博。

高校思政课教师进行教学时，必须要合理整合，而不是简单地杂糅在一起，并不断提升信息的辨识能力。

一是借助微博热搜资源，使思政课教学视角学生化。微博热搜资源丰富，高校思政课可以充分借助微博的优势，整合热搜资源，进而完善高校思政课课堂教学的内容与方式。思政课教师可以抓住微博的热搜资源，将其中的一些典型事例，及时加到思政课教学中，一方面可以使教学内容紧跟社会发展，让学生在实际生活中即时更新自己的知识，增强辨别是非的能力；另一方面可以使学生对实事热点坚持正确的看法，形成正确的判断，方便思政课主体教学内容的展开。

二是丰富思政课教学内容的资源库。微博内容丰富多彩、资源成千上万，其中不免出现与思政课教材不吻合的内容，由于教材不是实时更新，很难做到及时更改，所以当热点与教材相悖时，学生便容易陷入困境；或可能出现热点资源体现了某一教学内容，但其事例却过于老套而不够吸引学生的注意。因此要整理并丰富思政课教学的热点资源，以教材的内容为基础，对近几次发生的事件进行讲解，升华到思想和价值的判断和选择，形成正确的思想意识，对日后学生的学习、生活和工作可以形成正确的引导。

三是与学科名师进行资源互动。目前部分名师均在微博开设了自己的账号，即时发布一些热点内容的感悟或者是自己最新的研究方向及关注方向。思政课教师可以不必再等很久才能知道学术大家的思想内容，通过微博关注即可。专家关注的热点信息及资源可以反馈学习及积累，同时，可以通过私信的方式与专家进行沟通，进行学术交流，使沟通不再需要等机会。

四是微博"意见领袖"应当注重自身言论对大学生的引导，同时发挥朋辈教育功效。大学生由于其交往圈子比较狭窄，所以关注人群比较单一，主要是两类关注对象：一类是同龄同学朋友、一类是微博上有影响力的网络红人"意见领袖"。可以称为"意见领袖"的微博用户往往需要具备如下特征：粉丝人数众多，至少达到数万人；在现实生活中也具有较强的知名度；诚信度较高，支持者较多；发微博频繁，善于在微博上表达自己的观点。微博"意见领袖"应当承担起与其知名度相当的社会责任，越是受到年轻人的关注，就越应当在发言上谨慎思考，确保其言论不给青年人带来负面影响。微博运营方可以对粉丝人数达到一定数量的用户设立"言论承诺书"制度，使其通过在微博平台上承诺的方式担保其言论无害。同时，高校思想政治工作者应该培育一些学生中的"意见领袖"，对那些善于运用微博、政治觉悟较高、在学校表现良好并且在学生中有较高威信的"苗子"，思想政治工作者应该鼓励其多发微博、发表对大学生有影响的积极、正面的言论，使大学生之间互相引导，发挥同龄大学生之间的朋辈教育功效。大学生之间由于彼此有相似的学习生活经历，对事物的理解类似、情感表达方式类似，因此相比于老师家长的说教，他们更愿意聆听来自自己身边的声音。一些得体、正面、主流的言论通过大学生"意见领袖"的正确传播，很容易在大学生中发挥舆论作用。

四、运用云平台，展开多维度互动协同教学

自新冠肺炎疫情暴发以来，线上课堂成为与时间赛跑、教学任务正常进行的保证。基于不同地区的现状，钉钉、QQ会议、雨课堂、腾讯直播、爱课帮等新媒体直播软件借助"云"技术，使得思政课在"云"上直播进行，教师可以在线上直接给学生答疑，学生通过点播回放等方式可以深入、反复进行知识点的学习，保证了学习进度。

首先可以建立"云"班级。疫情暴发之初，多数教学都是通过手机或者"手机+电脑"的方式开展直播教学的，部分老师还要对新媒体的直播软件进行摸索、尝试，加大了授课教师的任务量，授课形式也较为单一，效果也不尽人意。为保证教学的良好进行，学校要运用"云"技术，充分利用新媒体直播软件的优势，由专业教师及时将任课教师及学生的信息导入直播软件，建立授课班级的基本信息情况，为学校所有大学生和高校教师申请线上账号，并覆盖班级信息、教师信息和学生信息等基本情况，搭建打卡、授课、答疑、推送、发言等线上直播方法按钮，使学生和教师只需通过手机验证码便可以进入课堂进行线上的教学与学习，避免因为软件的生涩而导致的思政课教学效果的弱化。

除此之外，在运用云平台展开多维度互动协同教学时，也要注重对移动App客户端教学的管理，例如创建相应的App教学管理端，以此保障思政协同教学效果，如蓝墨云移动App教育软件。这款软件对于当前的大学生而言可谓是"量身定制"，这主要是由于这款软件与当前大学生的日常生活十分贴近，它不仅改变了传统呆板的教学模式，同时也为大学思想政治教学带来了些许的乐趣。在网络

信息技术发展的时代，高校通过创建移动 App 教学软件的方式开展思想政治教学，可以极大程度上缩短教师与学生的距离，让教师和学生随时随地进行沟通。从某种意义上来讲，在这种教学环境中，学生的厌学情绪会被消除。同时，学生之间也可以以当前的时政热点展开讨论，分享心得。有了这样的 App，思政课教师可以提前将课程上需重要讲述的内容展示给同学们看，又可以针对学生的课前反应来对课程的教学方式和教学步骤作出改变。

五、打造高校思想政治教育微信公众平台

党的十八大以来，以习近平同志为核心的党中央高度重视新时代高校思想政治工作，强调新媒体、新技术在思想政治工作中的运用。高校微信公众平台是校园新型主流媒体之一，已经成为高校传播信息与学生获取知识的重要渠道，高校思想政治教育工作者要善于因事而化、因时而进、因势而新，牢牢把握高校微信公众平台进行思想政治教育的必然趋势，积极凭借高校微信公众平台这一鲜活载体，深入发掘高校微信公众平台的思想政治教育功能，将思想政治工作的传统优势与信息科技有机融合，让高校思想政治教育"活起来"，在新时代彰显吸引力、亲和力，是新时代高校思想政治教育的应有之义。

（一）培育学生意见领袖

高校微信公众平台在关注大学生媒介素养提升的前提下，亟须高校微信公众平台培育大学生意见领袖扮演好自我角色，拓宽平台思想政治教育内容获取渠道，推进思想政治教育与舆论引导有机结合。移动互联网时代的技术支撑及信息化的社会底层民众的心理需求，催生了网络意见领袖的崛起。"00 后"大学生群体持续分化进程中，少数青年学生能够以独特的网络语言与技巧吸引他人、彰显存在、重塑外在形象，能够通过信息分享、讨论质疑、表明立场等理性机制和情感宣泄、恐惧唤起等非理性机制影响受众。因而，高校微信公众平台应立足立德树人历史使命与时代责任的践履及大学生自由个性全面发展的现实需要，形塑引导校园网络话语、动员校园舆情的超凡魅力型大学生意见领袖，满足大学生对于未来发展的美好期待，助推思想政治教育功能的有效发挥。具体表现在以下几方面。

第一，校园网络话语引导者。仍处于人生成长阶段的"00 后"大学生，具有关切社会现实、个性意识鲜明，但缺乏理性、辨别能力较差且易于走向极端等特征，由此他们在面临网络海量、复杂信息时，亟须大学生网络意见领袖进行朋辈教育与引导。相对于普通学生在微信平台意见表达、信息转载的随意性，学生意见领袖发表、转载的相关信息要经过整理与加工，才能更具稳定性与系统性。

由此，需要不断提升大学生意见领袖的网络语言表达的艺术性，用网络语言吸引广大青年学生，引发情感上的共鸣、达到思想上的启迪。当高校微信公众平台针对某一重大事件或者社会热点发布推文之后，为让大学生对事件有全面的了解，避免片面、极端的认知，学生意见领袖可以通过文章末尾留言区留言进行引导等方式，针对在校大学生素质参差不齐、境界高低不等的现实状况，精准式推送相关话题的观点与看法，主动出击、意见鲜明地对部分大学生的错误观点、不良言论加以引导，从而提高其思想认识，扮演好话语引导的校园角色。

第二，校园网络舆情的动员者。校园网络舆情因社会较高的关注度、传递信息的混杂性、传播形式的多样性及舆情主客体的不成熟性等特征而呈现出多领域、易触发、快速度且结果难以控制的演绎态势，给高校思想政治教育工作带来巨大影响。鉴于大学生意见领袖受青年学生关注度较高，尤其是其在信息交流沟通中扮演着整合多元化、差别化舆论重要推手的关键角色，当面对突发校园网络舆情事件及由此引发的社会拷问，类似于成都航空职业技术学院"学长七号开会吗"等突发舆情事件，高校微信公众平台要让学生意见领袖利用其领袖身份，凭借自身的校园影响力、号召力，站在维护学校社会名誉、促进学生健康成长的角度于第一时间予以回应。学生意见领袖可现身微信公众平台互动讨论区，针对大学生对于危机事件的困惑点、疑问处及处理方法，给予理性层面的分析，及时帮助学生解决疑难困惑，进行心理疏导，避免校园危机事件的发展态势进一步恶化。由于这些意见领袖本来身份是学生，他们所传递出的信息与观点，容易说服学生、容易得到拥护，往往达到事半功倍的引导效果，助推校园网络舆情的良性发展态势。

第三，校园网络超凡魅力者。大学生意见领袖的意见表达往往因朋辈因素更容易被广大青年学生所接受，从而使之具有极强的动员能力与感召能力，甚至是具备一呼百应的实力。高校微信公众平台通过推送学生意见领袖自身的优秀经历、先进事迹，一点一滴、耳濡目染地熏陶身边每一个同学，最终形成榜样力量，发挥示范引领作用，营造正气向上、奋斗拼搏的微信网络氛围；同时微信公众平台主动策划主题，诸如励志人物、考级竞赛、考证评优、考研深造、职业规划等选题，让意见领袖以现身说法的方式进行经验展示，在平台上给予大学生完整、系列的帮助与指导。高校微信公众平台不断提升学生意见领袖的校园受欢迎度，强化超凡魅力的形塑，更有利于增强学生意见领袖为广大青年学生释疑解惑、思想引导的说服力与引导力，从而助推微信公众平台思想政治教育功能的发挥。总之，学生意见领袖应该在微信公众平台上扮演好承上启下的角色，恪守移动互联网时代积极而又负责的公民理念，用好自己的话语权，负责任地进行意见表达，形塑自我学识渊博、积极负责的外在形象，历练学生意见领袖的超凡魅力，不断提升自我的影响力与号召力，发挥朋辈示范引领正效应。

（二）强化领导机制

加强对微信公众平台的指导，增强主体职责、明确对微信公众平台的主导，强化责任意识、强化对微信公众平台的领导，切实做到党性原则贯穿高校微信公众平台宣传报道与舆论引导的全过程，切实保障高校微信公众平台的领导权、话语权始终处在党的正确管辖之下。

1. 树立引导理念，加强对微信公众平台的指导

我国文化信息场域的信息总量规模大、数量多，但是真正能够直抵人心，尤其是能够满足大学生对美好生活向往的经典力作却存在供应不足的现象。这意味着，高校需要坚定不移地把党管媒体的原则贯穿至移动互联网领域，全面加强党对互联网舆论导向的统一指导，认真做好日常运营的指导干预，全面落实党管网络意识形态工作，实现线上线下同向同行、标准一样、导向一致。

2. 增强主体职责，明确对微信公众平台的主导

在高校移动网络意识形态的工作中，同样要明确党委书记及各二级部门书记为第一负责人的职责身份。微信公众平台上的意识形态工作需要各个高校党委负主体责任，党委书记应为第一责任人，分管领导班子成员担负责任，其他职能部门领导成员应该按照"一岗双责"的要求履行领导职责。一方面，助推高校党委书记、校长带头抓微信公众平台建设，增强高校党委书记、校长及其他职能部门领导干部深入微信公众平台第一线，主动联系大学生，推动高校领导干部了解思想政治理论课、辅导员等工作。另一方面，落实高校党委微信公众平台建设主体职责，把微信公众平台建设作为意识形态工作摆上重要议程。每年的党委会议应

该召开一次移动网络意识形态工作专项会议，其中包括微信公众平台建设问题，抓住微信公众平台在思想政治教育的短板问题，在队伍建设、资金支持及品牌打造等方面应该相继推出有力措施。

3. 强化责任意识，强化对微信公众平台的领导

移动互联网时代，信息技术高速发展，网络虚拟空间中社会利益交织错综复杂，社会思潮碰撞跌宕起伏，各种新问题、新情况奔流而至。面对新形势、新任务，各个高校党委应该积极回应，毫不动摇地坚持党管媒体不放松，贯彻落实党性原则，切实加强对校园网络阵地的领导，牢记新媒体宣传工作的神圣使命。高校微信公众平台更应该坚定不移地认真落实党管媒体原则，牢记传播主流意识形态，传递正能量，弘扬主旋律的重要使命，掌控主导权、掌握话语权，占据网络主流意识形态的主导权，各个高校党委始终坚持正确的政治方向，履行好领导责任，始终保障高校微信公众平台在正确的发展轨迹上焕发出蓬勃的活力与生机。

（三）运用微信公众平台，开展线上线下教学活动

1. 课上课下实践"微教学"

传统思想政治教育教学的开展受到时间和空间的限制，理论教学、实践教学、主题教学等都需要在规定的时间和范围里才能进行，其教学形式主要表现为教育者与受教育者直接面对面交流、一对一或一对多对话，其教学内容、教学方法、教学评价等教学活动的每个环节都是由教育者运作的。然而，"00后"大学生已经逐渐成为高校校园受教育的主要群体，如果再以之前的眼光看待青年学生，以简单化、单一化的方式对待思想政治教育教学，则不能满足受教育者多元化的需求，最终失去对思想政治理论课程的兴趣。

依托移动互联网的强大技术支撑，结合大学生群体网络"原住民"的特性，在高校微信公众平台上寻求突破，无论是教学内容的知识广度、教学方式的人性设计、教学评价的即时反馈，都是传统思想政治教育教学所无法超越的，受教育者可以根据自己的需要，自主选择教育信息。以"明德e堂"微信公众平台为例，"明德e堂"一方面通过每期图文的系列推送，让大学生及时了解时政要点、社会痛点、学校热点；另一方面则以三大特色功能板块——"慎思、博学、笃行"，为教师课上教学提供有针对性的课程资源补充，依托课程的微课资源进

行翻转学习，现平台已经承载了"创造有价值的人生""做社会主义核心价值观的积极践行者""爱国主义的时代价值""确立马克思主义科学信仰"近20个微课课程。同时，开设在线考试系统，进行思想政治理论课程的无纸化练习和期中测试。2018年11月，"明德e堂"首次运营在线考试系统。针对2018级3914名新生，该学期的"思想道德修养与法律基础"的中期考试，创新性地运用微信公众平台进行在线测试，填补了本校思想政治理论课程无纸化考试的空白。"明德e堂"还通过与校园教学网络平台"云班课"的链接联动，对课堂实时互动、即时评价，进行联动教学，实现了对思想政治理论课主渠道教学的有效补充与资源再造。

2. 线上线下实践"微活动"

移动互联网时代，高校微信公众平台多渠道、多层次、多样式的传播形态或许更能满足当代青年大学生的多元化需求。"明德e堂"以微信公众平台为载体开展的"微活动"作为拓展与衍生的新手段、新思维，已经成为实现思想政治教育功能的重要抓手。2018年至2019年，"明德e堂"在专项资金的支持下，成功举办了3次线上线下主题教育实践"微活动"，即"爱国情，强国梦，奋斗行——青春FREESTYLE""爱国情，强国梦，奋斗行——青春相册""爱国情，强国梦，奋斗行——青春出彩"。这3次系列主题微活动为明德e堂迎来了30万人次的访问量，尤其是"爱国情，强国梦，奋斗行——青春出彩"活动，全校大一、大二近5000名学生全员参与，仅线上网络投票环节的点击量就达22万人次。

在网络投票结束之后，"明德e堂"举办线下作品展演与颁奖晚会，线下活动以"拍、诵、舞、唱"的舞台表演方式诠释青年学生奋发有为、积极向上的青春风采，展示大学生紧跟时代砥砺前行，为实现中华民族伟大复兴的中国梦不懈奋斗的信心。活动过程中，现场大学生通过关注"明德e堂"公众平台，进入"微信上墙"，一方面以线上与线下即时评论的方式，增加大学生的参与性与体验感；另一方面，将大学生的微信ID导入现场抽奖大厅，一旦到了现场抽奖实践，即可采用大学生"摇一摇"、终端随机等方式参与现场抽奖。这种方式极易引爆"微活动"的现场高潮，既可以推动思想政治教育活动的顺利进行，又可以尽显思想政治教育与微信公众平台相结合的创意。

(四)丰富微信公众平台思政教学内容

1. 创新推送类型

青年是时代的晴雨表,青年怎么样,未来中国就将怎么样。因而,在微信公众平台强调知识理论灌输的同时,也应关注大学生求知、求新的需求,除了在微信公众平台上发布相关学习的文字、图片等图文并茂的推文之外,还应结合当下更受大学生群体关注与喜爱的传播方式,例如"微活动"、微课、微电影等,在推送中注入全天候、多维度、立体化的鲜活类型吸引大学生的关注。

2. 开展甄别实践活动

抓住社会热点事件与广大学生关心的校园议题开展实践活动,强化与学生的沟通、交流,通过实践活动的开展,让大学生主动意识到网络信息甄别能力提升的重要性,比如举办热点讨论、知识竞赛、案例探讨等活动,让他们将所学的理论知识与实际生活相连。运用理性思维在纷繁复杂的网络信息中反复甄别、审慎取舍,合理过滤不利于身心发展的信息内容,科学获取有利于全面发展的信息内容,从而在明辨网络信息是非对错的基础上,灵活运用信息甄别能力在活动中弘扬主旋律、传播正能量。

六、互联网环境下高校"思政慕课"的构建

(一)"慕课"与传统思政课

若将思政课真正上到学生心里去,就需要结合时代和当代大学生的心理特点展开教学,就要将思政课与新的教学手段、教学媒介相结合,借助融媒体和移动互联网等学生熟悉的新技术、新方法开展思政课,做到在慕课的新手段下,在不改变思政课育人功能的前提下,从配方、工艺、包装上以学生喜爱的方式改进思政课。

首先,时空的差异。传统思政课中学生和老师采取每周见面的方式进行思政课教学。"思政慕课"则打破了这一教学方式,其教学地点不再受时空的限制,上课的地点可以在宿舍里、家里、公交地铁上或者咖啡厅里。

其次,教学核心的异化。传统思政课堂基于思政课的公共课特性和课程本身的政治理论的严肃性,在教学环节中通常是以教师为核心,教师主导教学的过程,

以教师讲授为主，即使不乏一些讨论或者小组活动环节，最终落脚点还是理论的阐述。不仅如此，由于课程本身的严肃性，学生来上思政课时也往往表现得很严肃，也许是因为大班教学人比较多或者对于理论的敬畏，学生参与课堂讨论远不及专业课那么积极。"慕课"依靠技术手段隐去了面对面的"尴尬"，采取边看"慕课"边在旁边讨论框或者弹幕参与讨论的方式，可以使学生在上课的过程中有任何想法都可以畅所欲言，在一定程度上实现了学生为中心。

再次，教学主体的转换。传统的思政课有着明确的大纲和教案，教师以其理论储备为学生灌输、传播理论知识。在教学中，教师以传授为使命，顺带解决学生的一些问题。如果学生并不提问，教师很难了解到学生理论知识的掌握情况。"慕课"由于技术的引入，学生可以在教师在线讲授或者讨论的同时，将各种问题及时反馈至教师，教师结合学生的反馈情况，灵活改变课堂教学内容，针对学生特别感兴趣或者结合当下特别紧密学生希望多听的问题，教师可以安排后面的教学中多讲，有的问题学生可能手里有更好的佐证资料也可以在"慕课"系统上共享，真正做到以学生为主体，改变思政课教学的"供给侧"，提供学生需要的内容。这种主体的转换也改善了大学生和思政课教师的人际互动。

最后，培养目标的差异。传统的思政课认为，课堂除了传播理论知识、帮助学生树立理想信念和"三观"等以外，还要提升学生的人格魅力，这种提升与老师的身教和传导、感化是不可分割的。"思政慕课"在理论传授、立德树人等"言传"方面的教育上是丝毫不落后的，但是缺乏一种"身教"的平台。"身教"是需要面对面接触形成的，并不是隔空的电脑、手机或者技术手段能进行的。

（二）"慕课"与传统网络公开课

"慕课"是不同于传统网络公开课的，即使这两者有一些相似之处。"慕课"是一个完整的教学过程、一种与融媒体和"互联网+"融合的教学方式，但是传统课堂的环节"慕课"丝毫不会缺少。在线进行课程的同时，正常教学环节中的课堂讨论、课堂交流互动、课堂问答、课后作业及测验一个都不会少。"慕课"建立起一套系统、完备的学习过程管理、质量监控、成绩评价体系，作业通常采取主观题教师在线评、客观题机评的模式，成绩由课堂参与在线听课及互动，课后作业和期中、期末测试等组成。而网络公开课仅仅是录下来上课的一部分实况，以便更多的人在其他时间观看"录像",其他人再看到的是"录播"而非"直播"。

(三)高校"思政慕课"构建之路径

1. 充分发挥公共图书馆在融媒体大数据时代的作用

"思政慕课"就是融媒体时代和主阵地、主旋律的思政课的有机结合。在融媒体时代,人人有终端、处处可上网、时时有连接、物物可传播。图书馆在融媒体时代起到信息源的作用,应当对接当前"思政慕课",将图书馆中关乎人类智慧结晶的馆藏资源用于"思政慕课"中。比如将传统文化诸子百家的馆藏资料用于"思政慕课"中的中华民族传统美德的部分;将抗日战争、解放战争的馆藏资料用于"思政慕课"中弘扬中国革命道德的部分,或者在课堂中加入相关联的图书馆或者电子图书馆资料链接。其中,高校图书馆在"思政慕课"中发挥的作用是精英教育的模式,其教育对象主要为大学生;而社会公共图书馆则在"思政慕课"中发挥大众教育的模式,主要针对社会公众或者全民思政教育。

2. 增强学生"思政慕课"的获得感

思政课本身的特点在于其与现实紧密相连,承载着将党中央重大理论创新传播给学生,武装学生头脑的作用。然而,这些"大而严肃"的内容与学生碎片化、娱乐化、融媒体化的阅读方式是冲突的。这就需要"思政慕课"在传播好这些理论的同时,关注如何有效传播。"慕课"由于其借助互联网或者移动互联网的授课方式,已经从形式上使学生放下了被"说教"的戒备心理,如果再借助"慕课"中的视频加入一些动画或者访谈,让学生觉得从"思政慕课"学习中切切实实获得了深刻生动好玩又有用的理论,学生的"思政获得感"就会增强。比如2018年5月是马克思诞辰200周年,在很多融媒体公众号中出现了接地气的宣传马克思的内容,还配有网络语言和一些卡通图,如求是网公众号的《如果马克思穿越了……》和《马克思是对的》、人民网公众号的《给90后讲讲马克思》等。这样的文章学生愿意看,看后觉得增加了对马克思主义的了解有"获得感"。如果"马克思主义基本原理"的"思政慕课"能够加入这些素材,配有教师具有理论功底又符合学生话语习惯的讲解方式,就必然会增强学生对这门课的"获得感"。

七、搭建精准化教学平台

大数据的核心价值在于用数据本身的逻辑过程揭示规律、研判趋势、提供方案，从而实现价值变现。加速大数据在高校人才培养工作中的植入，是探索思想政治工作协同育人自我发展路径的需要。高校大数据教学平台依托学生信息数据库、用户画像系统、智能评价与反馈系统支持，体现"数据收集与验证—算法建模—内容供给—学情反馈"的运行逻辑和管理思路。搭建高校思想政治工作大数据精准化教学平台主要运用大数据实时记录、精准分析、高速运算、自主智能的特点和优势，为教育教学提供先进的技术载体和手段，从而更好地协同主体、资源、平台同步运转。数据抓取和采集是教学平台运行的第一步，高校可以借助摄像头、传感器、电脑等设备，用大数据抓取、语音识别、图像识别、物联网等技术实时采集、追踪、记录大学生网络访问和交互信息、面部表情、语音语调、姿势行为等各项数据和指标，将采集得到的异质非结构化数据进行清洗、提取、解析、转换、验证，再将处理完的数据根据预定设置的标准和路径生成学生个体"数据仓库"，无数个"数据仓库"排列组合构成学生信息大数据系统，被存储的数据构成大数据精准化教学平台服务模型的原初资产和基础性支撑。大数据的本质就是个性定制、精准服务，学生数据被精准分类、快速整合后，基于关联分析和聚类分析，思想政治工作大数据系统快速锁定大学生所有相关信息词条，用个性化标签的集合构建大学生用户学习画像和可视化模型。这样，教师从用户画像中可以洞察出不同年龄层次、不同专业类别大学生的学习习惯、兴趣、偏好、规律、需求的差异性和特殊性，科学研判其思想和行为发展趋势，提供与之相适应的教学环境、视频、课程及配套PPT等教学设计，凸显网络资源的思想道德教育价值效应，形成在线学习与课下学习模式良好的对接、互动、平衡关系，在大学生个体的纵深发展上实现个性化的挖掘。高校要完善大数据教学平台教学评估模型设计，通过对学生不同课程表现数据的同步跟踪、切换、查询，数字化掌握大学生学习进度，基于大数据算法模拟和计算公式，从各项量化指标变动感知学生行为、心理、情绪的多维度动态变化，自动检测大学生学习效果，生成学习报告，协助教育者对思想政治教育教学效果进行反馈，针对性地给予学生个体"个性化"学习纠错指导，让教学表达与学生需求协同联动，更有效地引导大学生的思想发展、价值形成与素质提升，提升思想政治工作的科学性与实效性。

八、借助现代化的教育媒介

随着科学技术的不断发展，互联网构筑的网络世界成为花费高校学生课余生活大部分时间的主要场所。电子技术的发展同样为传统的教学活动提供了新的手段，并且为教育现代化的实现提供了便利。基于当今高校学生对于计算机和网络频繁的使用程度，在高校思想政治教育的授课中可以利用好这些现代化的科学技术和媒介来传授课程内容和儒家思想。

"师者，所以传道授业解惑也"（《师说》），在当今知识信息愈发开放的今天，对于一些问题的解答并不是都出自专业的学者，而是人人都可以为"师"，人人都好为"师"，他们给出的答案大多是主观的臆想而非专业的论断。当代的大学生喜欢利用"百度知道"之类的网站在线提问，针对这种现状，高校思想政治教育学科应该建立专门的网络平台，组织一批专业知识过硬的教师团队，及时针对高校学生的提问进行答疑解惑，避免他们受到网络上不正确思想的诱导。同时，应当建立专门的网上宣传阵地，对各种群体进行传统儒家文化知识的普及。在线上平台的建设过程中，应当格外注意避免空洞、刻板和理论式的说教模式，注意到网络灵活多变的特性，采取受学生喜欢的风格和形式，多借鉴一些成功的案例，例如《百家讲坛》等节目形式，甚至是播放一些有正确价值观，能帮助阐述学科教育目的的电影、电视剧来吸引在校学生，并通过详细的解读来引导他们感悟其中的道理。例如电视剧《大宅门》《乔家大院》都取得了不俗的成绩和很高的收视率，其中蕴含着孝文化、商业活动中的信义精神、爱国主义思想等丰富的儒家文化精神，对于高校学生来说，既是视觉娱乐的享受，更是一种道德情操的陶冶。

此外，有许多社会组织热衷于弘扬儒家思想等中国传统文化，有的组织专门制作了"中华德育故事""圣贤教育改变命运"等教育视频，这些视频富有艺术性和趣味性，又包含了儒家文化的经典理论，通过耳熟能详的名人轶事和圣人语录，深入浅出地将儒家道德精髓娓娓道来。在思想政治教育中如果能利用好这些新媒体，一定可以起到事半功倍的效果。

九、加强 PAK 协同育人模式的应用

新时代背景下，高校要充分发挥协同育人的作用，加强 PAK 协同育人模式

的应用。所谓的 PAK 协同育人模式是指在协同育人背景下，重视对学生健全人格的培养，重视提高学生的综合能力，将专业知识有效传授给学生，这也是当前高校的主要教学任务。高校可以加强对网络课堂的建设，借助网络课堂将课内教学延伸到课外，教师与学生随时都可以通过网络课堂分享思政教学资源、探讨相关问题等。在网络课堂上可以设置留言模块，学生可以随时在留言模块上提出在学习思政过程中遇到的问题，也可以提出在生活中遇到的问题、求职过程中存在的疑惑等。教师可以随时浏览学生提出的问题和疑惑，并且及时回答，充分掌握当前学生的思想发展动态，更好地结合学生的思想现状调整教学内容和计划。比如专业教师可以使用"思政＋专业"的模式融入思政教学，借此正面引导学生，开展更加有效的思政教学。比如针对新冠肺炎疫情，一些学校通过直播的方式开展教学，借此增进学生对于医护人员的尊重，激发学生的爱国之情，培养学生战胜困难的决心等。

十、借助网络新技术，开展翻转课堂

传统思政课堂的教学逻辑表现为"教—学—考"的循环往复，其优势在于能系统、完整地讲授马克思主义理论体系，教师可以通过透彻的说理、魅力的讲解使课堂富有感染力、凝聚力，可以收到较好的教学效果。而翻转课堂的教学逻辑则为"学—教—行"。这一全新的教学逻辑，保持了传统课堂教学的优势，也通过教学流程的翻转，更好地发挥了学生的主体作用。因此，高校思想政治教育课程应用翻转课堂契合了网络时代特点，注重在线资源的选择与及时更新，更加贴近生活、贴近现实、贴近学生，令思政课教学更富有亲和力，使思政课堂"亲"起来。以学生为中心的教学理念也打破了传统教学模式下学生被动学习、消极学习的状态，充分调动了学生的积极性、参与度，形成师生互动、生生互动的高互动课堂，使思政课堂"动"起来。但是翻转课堂的缺陷也很明显，具体表现在一方面要求师生投入更多的时间与精力。从教师角度看，从教学资料的准备、学生学习情况的分析、学生主观报告的批阅、信息技术的提升、在线资源的更新等都要付出更多时间和精力。如果没有持续的教学改革热情及适时、合理的激励政策显然难以坚持。从学生角度看，由于受到长期被动学习的影响，部分学生存在学习惰性和抵触心理。

以"翻转"为模式,以"混合"为手段。这是关于在"应用导向"理念指导下,顺应时代潮流,利用新技术,"翻转"大学思想政治课堂教学理念和教学设计,实施线上线下混合式教学,以应对教学目标与教学资源之间的矛盾,确保学习质量和学习效率的问题。利用新技术开展在线学习,符合年轻人的学习习惯,顺应新时代的发展潮流,更是目前大学思想政治教学在学分降低、课时减少的背景下,充分发挥学生的学习主动性,充分利用课外时间、碎片化时间,根据每个学生自身不同的学习基础、学习策略、学习习惯、学习能力进行个性化的自主学习,以保证学习容量和学习强度,提升学习质量和学习效率的必由之路。大学思想政治教学翻转课堂模式是从传统思政课堂教学"先讲解、再操练、最后运用"这样先学后用的教学顺序和课堂活动设计思路,转变为先用后学、边学边用,体现"以用促学,学以致用"的教学理念。线上线下混合式教学要利用线上自主学习,把理论知识性内容更多地留到课前和课后,同时精细设计科学有效的课堂活动形式,既保证学生课前课后输入性、理解性训练的时间和强度,又大幅度提升课堂表达与交流的容量和人均机会,更多地注重对学生实践能力的培养。

第二节 构建家庭、社会、学校联动育人体系

一、加强家校联系,开展良好的家校互动活动

家庭的影响对大学生的主流意识形态发挥一定的作用。家庭教育作为具有双重属性的一种行为实践,既有尊重人的天性成长的自然属性,也有引导人的行为符合角色规范的社会属性。家庭成员之间具有特殊的、独有的黏合方式和情感联系,能够基于亲情感化、言传身教、心灵沟通、生活互动、角色配合等方式,强化大学生的家风家训、亲情观念、敬老爱小、邻里关系、人生挫折、人格、性格、习惯教育。

如今高等教育的普及及教育的公平发展,使在同一所高校同一间教室就读的大学生来自不同地区、受不同家庭环境影响。有的学生的家庭比较注重对子女的意识形态教育,其父母本身对主流意识形态就很认同,这样的家庭氛围下成长的大学生一般不会出现意识形态认同危机。比如 2018 年 7 月中旬,天津科技大学

校长收到了一封来自甘肃省清水县边远山区42所中小学校长联名发来的感谢信，主要是感谢该校周钰城同学18年来坚持扶贫助学奉献爱心的感人事迹。探寻周钰城18年的支教历程，我们发现，周钰城的爷爷周振明对他影响很大。周爷爷是一名退休干部，曾经从事甘肃清水地区对口帮扶工作，周钰城从小就听爷爷讲述老一代人艰苦创业的经历。在爷爷的深厚家学影响下，周钰城坚持了十几年爱心支教的道路，新华网、北方网、今晚报都曾报道过他的爱心事迹。然而，也有些大学生并不具备这样的家庭环境，其家庭成员本身就被一些负面的东西影响，家长由于个体人生经历或者是一些主观偏见，缺乏对主流意识形态的认同，也会阻碍其子女主流意识形态的形成。而这对大学生的思想政治教育工作效果成正相关关系。

（一）开展家校共育

家庭作为大学生生活和实践的重要场所，其成员对此课程的态度影响着大学生对此课程的认知。良好的家庭认同氛围可以以"润物细无声"的隐性教育方式引导大学生对此课程认同。

奥地利著名的人本主义心理学家阿尔弗雷德·阿德勒（Alfred Adler）认为，幸福的人用童年治愈一生，不幸的人用一生治愈童年。学生在进入学校接受教育之前，家庭教育已经在他们身上留下了深深的烙印，这些烙印可能有利于学生的道德发展、人格完善，也可能不利于学生的成长。而这些家庭教育的信息需要思政课教师与学生的家庭进行深入的沟通交流才能更加全面地掌握。因此，思想政治课教师可以通过实地家访、电话沟通、开家长会等形式与学生家长进行信息交换，制定更完善的学生德育计划，促进学生的健康发展。

家庭教育对子女具有深远持久的影响力，因此，家长要注重家庭教育环境的构建，以此为子女的健康成长创造良好的家庭环境，具体可以从以下三个方面来努力：其一，家长对高校思政课程的态度是子女正确定位此课程地位的重要参考因素，因此，家长要改变传统观念中思想政治课程是"副科"、学不学无所谓的错误观念，树立正确的成才观，正确认识和定位此课程在子女德育培养和能力提升中的重要作用；其二，大学生对事物和行为的辨析能力还有待提升，非常容易把家长的言行作为他们模仿的对象，因此，家长要严格要求自己，以身作则，给子女的道德培养做好道德示范；其三，建立家长、学校、教师沟通机制，及时掌握和熟知子女的思想状况和行为表现，一旦发现问题，通过双方共同努力，及时帮助子女纠正错误观念和行为，保证子女沿着正规的路径前行和成长，同时也能通过这种方式让子女进一步感受到家长对该课程的重视，提高他们的学习动力。

（二）完善学生家长的监督权力

协同育人一定要实现权力的监督监管，保障权力不滥用。某些时候，人们讨厌权力，是因为许多拥有权力的人在运用权力的时候违背了公平公正的原则，打击了人们的信心。协同育人系统中，学校党委、职能部门、教师个体都拥有一定的权力，他们是否参与协同育人、协同积极性如何、协同工作参与度如何、协同效果如何，这些都需要有人监督约束。因此，完善的协同结构应具备监督监管的功能，借助学生、家长等的外部力量，无形中给权力拥有者压力，促使他们主动参与协同育人工作，让权力在正常范围内使用，变得更加透明、更加公正。

二、拓展社会实践，开展和谐的社会互动活动

（一）拓展社会实践

无论是价值观念、必备品格还是关键能力，都将在社会实践中得到检验并不断发展完善。比如厚植爱国情怀是思想政治课的重要功能，大学生和高校教师既可以在教室中开展教学活动，深化学生对祖国的情感；也可以带领学生祭拜革命烈士、参观战争博物馆等，深入了解国家曾遭受的苦难，让学生更真切地感受革命先烈的大无畏精神，树立为国奉献一生的志向。因此，应根据教学内容需要，适当地开展社会实践活动，充分利用当地的教学资源，加强学生与社会的互动，有利于拓宽学生视野、深化学生的乡土情怀、培育学生的爱国情感。

在社会实践中，社会风气的好坏在很大程度上对思政课的社会实践效果产生了影响。社会风气和社会环境的好坏影响着大学生对高校思政课程的认同，因此整个国家、社会和各个部门要协同努力，共同为大学生养成过硬的思想政治素质和正确的价值观念提供一个良好的社会认同氛围。具体可以从以下三个方面来着手。

其一，净化社会不良环境。首先，针对目前社会上出现的贪污腐败、非法经

营和网络乱象等社会问题，党和政府要进一步加强廉政作风建设，严打行贿受贿、贪污腐败现象，完善法律法规和多途径监督机制，打击违反诚信经营、偷税漏税等犯罪行为，加强对网络的监督和管理，以赢得大学生对党和政府的信任，进而增加他们对该课程教材内容的认同。其次，针对严峻的就业形势，党和政府要在想方设法增加就业的同时进一步贯彻落实"大众创业，万众创新"政策，鼓励有意愿的大学生进行创业，并给予他们最大限度的政策和资金支持，以缓解就业压力。最后，针对不良思想的侵蚀，党和政府要进一步加强国家意识形态安全防范意识。

其二，用人单位注重对应聘大学生思想政治素质的考核，将他们在大学期间的思想政治素质表现情况及鉴定评语作为决定是否录用的重要标准，促使大学生重视此课程，增加他们学习此课程的外在动力。

其三，党和政府要加强对报刊、影视和互联网等大众传媒的管理，并充分利用大众传媒传播速度快、覆盖面积广的特点，加大对社会主义核心价值观和体现社会正能量的人和事进行宣传，以正面人物和先进事迹传递正能量，进而形成良好的社会风气和社会德育环境。

（二）要建设协同互助的校外队伍

通过建立校企战略合作网上协议，构建同步、智能、交互的"产学研"三位一体育人网络，为学生学习、实习、就业搭建大数据网络平台，共建"创客空间"、孵化园、实验室、联合培养实验班等项目，使人才培养、科研项目、技术攻关深入联合，结合企业科普实践、技术创新、文化价值、发展历程、创业名人、行业模范，强化大学生价值观教育。大数据背景下校企协同育人要重视大学生分类定制培养，统筹大学生理论和实践、校内与社会、第一课堂与第二课堂多种教育资源，共享优质数据、智库、平台、技术、行业、资产，促进课堂育人与实践育人在内容、作用方式、效果等方面的反馈互补，创造性地把高校思想政治工作与行业领军人才需求进行精准化的前端对接，让理论与实践在校企合作中"打结"，全方位培养大学生思维创新、实践技能、专业素养、学科兴趣、团队精神、社交方法、求职技能、职业规划意识、应变能力等。最后，构建学校政府协同育人队伍。政府对高校思想政治工作既有"管""引"的责任，又有参与、协助、配合的义务。

在全球智能、创新、颠覆、互联、开放的大数据浪潮下,政府应当健全数据开放、共享、安全标准体系,建立政务数据与高校思想政治工作的多联结通道,将黏性强、契合度高、价值大的数据向高校开放,加速有效数据在思想政治工作中的传播、转换。同时,教师和政府人员要通过政策协商、决策分享、监督联动、评价共识、方案共建、责任同担、对象共教建立工作契合点,为大学生提供基层挂职、顶岗实习、支教扶贫的专业化、精准化对接服务,既要发挥好政府对高校思想政治工作的引导、管理、监督、调控、激励作用,又要运用政务工作的专业性、严谨性、服务性育人育心。

(三)构建社会实践与创新创业相融合的实践体系

社会实践和创新创业同为大学生融入社会、认识现实、培养社会责任感、创新思维、发现新知的重要途径,是马克思主义认识论在当代大学生身上的鲜活体现。大数据时代促进高校思想政治工作实践育人转型与适应,要发挥数据"催化"作用,加快社会实践与创新创业在目标、思维、过程方面的融合,使二者从内在机理到外在形式形成"默契",建立体验式、感受性、综合性实践育人体系,让大学生在学和用的统一中成长成才。高校组织大学生参与社会实践活动在于通过知与行的转换和迁移,把理论思考转换为行动自觉,在身体力行中提升理论认知,将其深化为自身的价值标准和道德准则。而高校鼓励大学生创新创业旨在发挥大学生自身在创新创业项目中的创造力、自主性、事业心,强化大学生敢于创新、积极进取、自力更生、终身学习的观念意识和能力。从本质上看,社会实践和创新创业目标的共同性在于实现大学生理论解释实践与实践升华理论的双向驱动,促进知行统一。大数据视阈下高校思政协同育人要深刻认识社会实践与创新创业育人目标的共生性联系,立足于大数据时代高校实践育人的基本要求,在社会实践目标中融入大学生创新意识、知识、能力、人格培养要素,注重实践教育与大数据、云计算、5G、人工智能等新科技生态协同。同时,视大学生创新创业为社会性和科学性实践活动,将拓宽专业知识范围、提升认识与服务社会的能力、强化社会责任感等培养内容融入创新创业育人的目标体系。随着大数据在高校思想政治工作中嵌入加深,高校应当进一步促进社会实践与创新创业在思维上的融合。例如引导学生实践部、校共青团委、就业部门、学生社团、创业指导中心的负责教师主动将大学生社会实践与创新创业看作实践育人的一体两面，有意识强化社会实践与创新创业在主体、内容、信息、资源、活动、平台、评价等方面的协同，依托大数据、新媒体、互联网创新实践育人协同服务形式。高校要有意识培养大学生跨界学习的思维意识，要在社会实践与创新创业的统一中增长才干、服务社会，更要向探索精神、大胆革新、敢于批判、追求创新等人格特质的养成迁移。社会实践与创新创业是时间意义上的可持续性活动，因此促进两者在活动过程中的融合至关重要。在活动过程中，高校要与企业达成合作关系，坚持生产活动、志愿服务、基层锻炼、调查实验与创业发展、科技发明相结合，设立社会实践与创业联合基地、研修基地、众创空间、示范项目、前沿工程等。教师应基于大数据模型分析和情况预判，编制社会实践与创新创业计划和操作规程，分类定制融社会服务与创新创业双向指标为一体的学习任务、管理体系、考核体系，强化大数据在实时考核、大学生实践成绩测评和创新表现中的应用，并开展个性指导，从数据应用中提升实践育人创造力和创新力。

（四）以习近平总书记中国梦思想为依托，展开实践教学

1.培养学生用中国梦的思想、方法发现问题、思考问题

将社会作为思政教育资源的来源，重视社会调查活动，使广大学生能够在深层次的社会调研当中了解国家变化，使高校学生能够自觉运用中国梦的思想深入剖析、发现及解决问题，坚定"四个自信"，同时也让人生理想和信念更加坚定、执着。

高校在智力及人才等方面具备天然优势，要切实发挥这样的优势，激励高校学生主动投入社会调查实践当中。为了保证社会调查活动的实践效果，必须不断提升企业实效性与科学性，特别注意在这一过程当中设计关于国家在经济、社会、生活、科技、文化等方面获得的发展成果等方面的主题，使广大学生能够认识到改革开放推动了国家与社会的巨变，更让学生坚信中国特色社会主义道路符合中国国情，是科学性的发展道路，因而要坚定"四个自信"，提升对中国梦的认同感，并主动积极地投入中国梦的实现过程中。同时，做好中国梦实践教学的前期准备工作，尤其是加强对高校当地的人文教学资源的收集、利用。通过当地的人文资源，提升高校思想政治教育实践教学效果。例如合理使用高校当地的博物馆、红

色文化资源（革命根据地、纪念馆）等人文资源，并将这些人文资源作为实践教学载体融入高校思政课教学中，在当地的人文资源教学环境下，中国梦不再是遥不可及的"梦"，而是切实存在、触手可及的。除此之外，为了保障高校中国梦思想实践教学的开展，高校还应当加强对实践教育基地的建设，以此为社会调查的有序开展创造有利条件。大学生在社会调查过程中，不仅参与了社会实践活动，学生的应变能力和为人处世能力都会得到不同程度的提升。

2. 突出大学生个性特点和现实需求

高校要重视社会实践，与此同时，使其和专业学习彼此渗透和有效整合，助力学生综合素质的提升。学校教育需要将理论知识传递给学生，有效扎实学生的理论学习基础，而要让学生获得丰富的理论知识，并在这一过程当中发现新知，就必须依靠实践，这也是促进学生综合素质提升不可或缺的条件。通过对古今中外教育家的教育理论和实践行动进行分析，能够发现他们拥有一个共性，那就是都重视实践，并注重发挥其教育功能。早在 2000 年前，我国伟大的教育家孔子就对学生提出了要求，要求他们增长见闻，于是带领学生周游列国，让他们能够在游学的过程当中丰富生活体验，提高处理各项事务的能力，以便实现知行合一及学以致用。伴随着时间的推移，人们对实践教育产生了很多的新认知，也进一步确定了实践教育的突出价值。将课堂上学习到的理论应用到实践当中，并成为学生参与社会实践的理论指导，成为当代教育不可或缺的组成要素。这样的教育方法能够增加学生与外界的联系、完善学生的个人品格，与此同时还能够提高学生的自主能力和集体观念，让他们对社会道德、经济价值等概念的认识更加深刻，也让他们能够在接触劳动者和深入社会实践的过程当中形成尊重劳动者的正确思想。实践教育能够促进学术科研和思想政治教育的高度整合，成为二者的结合点，而这也要求高校将课内外联系成一个整体，充分利用好两个课堂，让学生在实践当中进一步萌发和强化热爱专业的观念，不断充实自身的专业理论知识及实践技能，明确自身作为建设者和接班人要承担的社会职责，为中国梦的实现作出积极贡献。

三、优化学校教学，开展高效的思政育人活动

（一）加强高校对思政教学的重视程度

国家和高校对高校思政课程的实际重视程度直接决定着此课程的建设进度和效果。

1. 加大对其专职教师队伍的培养力度

其一，国家目前虽然已实行了此课程的建设情况抽检和评估制度等，但正在实施的监督制度满足不了对各高校此课程建设的真实情况进行全面了解的需要，国家及相关部门应该进一步拓宽监督渠道，丰富监督途径，如将听取正面汇报与随机核查、明查和暗访、事先通知听课与随机听课相结合等。多途径、多方面的监督有利于全面、真实地掌握高校思政课程的真实建设情况。其二，加强高校思政课教师队伍的建设，尤其是师范类高校和此学科的硕士生和博士生的培养，为满足高校对专职教师的需求提供保障。其三，国家或地方相关部门要充分发挥自身在协调各高校共享此课程教育资源方面的独特作用，使此课程教育资源作用最大化。针对此问题，国家或地方相关部门要积极探索教育资源共享模式，并做好监督工作。在这方面，笔者认为可以借鉴北京市的做法：开设市级高校思政课程——"名家领读经典"，这样既可以充分发挥理论学家的号召力和吸引力，使北京市的教育资源作用最大化，也可以激发大学生学习"经典"的自觉性，进而有利于提升大学生学习此课程的积极性。

2. 加强高校对思政课程的重视程度

国家原教育部部长袁贵仁在2015年12月份召开的全国高校思想政治理论课建设工作会议上强调了思政课程的重要性，但部分高校仍然只是在大方向上按照相关要求来建设此课程，未能把许多细节性的问题真正落实到位。鉴于此，高校应该从以下几个方面来落实细节性的问题。其一，招聘满足教学需求数量的教师，严把质量关，改变现有"大班教学"模式，实行"中小班教学"模式。其二，加大投资，配备足量的现代化多媒体教学设备，同时加强对教师进行现代教育技术培训，确保每位此课程教师都能熟练操作现代化教学设备。其三，纠正相关部门及领导对高校思政课程价值的错误认识，合理安排上课时间。上课时间安排要尽量符合学生学习能力的变化规律，尽量安排在学习效果较好的上午进行，以进一

步提升此课程的教学效果。其四，高校及领导要准确定位和认识实践教学的地位和作用，把实践教学真正纳入正常的授课过程。实践教学是一种涉及学校多个部门的教学方法，需要各部门给予支持和密切配合。因此，高校及领导要督促教务处、财务处、后勤处和保卫处等相关部门积极配合实践教学并提供足够的经费支持。此外，要积极创建校内外实践场所和基地。充分运用学校的资源，创建校内实践活动场所，如建立模拟法庭，方便大学生进行模拟庭审等；要加强与社会相关单位的合作，建立大学生校外实践基地，选择实践基地时要综合考虑单位性质、工作人员素质等，以免对实践效果产生负面影响。

（二）建设和发展校园文化

1.高校校园文化的作用

（1）能够塑造学校的良好形象

一所学校的形象对于学校外的公众来说，要通过对学校的表面观察，还要去感知这所学校的内在精神和文化感知，以此确立这所学校在公众心里的形象。因此，校园文化作为学校的内在精神和文化的集合，其中的一些优秀人物形象及一些标志性建筑，都对公众乃至全体社会发挥着很强的示范作用。例如教师和一些名人，以及散落在校园内的各种书画、水墨画，特别是历史名人雕塑、碑亭等文化景观。和谐的大学校园文化可以塑造学校的良好形象，提高学校的声誉和知名度，从内到外最大化学校良好的形象。

（2）能够对学生起到教育和导向作用

我国对高校校园文化的基本要求是必须要体现健康向上、生动活泼的内容。这是因为，健康向上、生动活泼的校园文化能够提高全体大学生和高校教师员工的思想觉悟和认知能力，进而塑造和培养其美好的心灵。现如今，由于每个人身处的工作环境、家庭环境和社会环境不同，这就会使他们的人生观、价值观及世界观形成不同程度的差异。再加上如今全球化趋势，市场经济的冲击，信息时代到来给全体社会成员带来了形形色色的信息的同时，也使其受到了一些低俗文化思想的负面作用，随之也出现了一些腐败现象。这些都需要发挥校园文化价值取向的导向作用对其进行引领，启迪其思想行为，从而使其树立正确的人生观、价值观、世界观。这强烈地体现了校园文化价值取向的导向功能。

（3）能够不断提升高校本身的文化品位

对于学校来说，其校园文化品位主要会在学校的办学理念、学习氛围、学术水平、管理氛围、校风等方面体现出来。学生在校园里最便于体验的就是学校的文化品位，学校所展现出来的文化品位越高，就说明学校的水平越高。并且，文化品位会构成一种无形且强大的力量，在学校的方方面面渗透开来，潜移默化中影响全体成员的文化品位，对其产生一种其他专业课程无法比拟的深刻的影响。因此，建设完善的校园文化，可以使学校的文化品位得到不断的提高。

2. 营造民主氛围

在校园文化中营造民主氛围，就是要增加高校重大决策的透明度、公开性，应当广泛征集或采纳大学生和高校教师关于参与重大决策的讨论，使大学生和高校教师的声音和意愿更好地在高校的重大决策中得以真实准确的反映；还可以建立畅通的学校领导与大学生和高校教师间的联系渠道，例如实行校长网上接待日，设置大学生和高校教师监督岗、长期设立意见箱等，通过这些措施，双方可以充分交流意见，进一步激发大学生和高校教师的精神动力、主人意识与归属感。

同时，要按照民主的原则来组织具体的校园文化活动和社团活动，处理问题、解决事情也要通过民主程序，这样可以使学生的民主观念得到培养。民主氛围的营造，是大学生和高校教师在建设和发展校园文化中积极参与的基本条件，也是建设和发展校园文化使其平稳推进的重要保证。因此，下大力气营造浓厚的民主氛围是必要的，大学生和高校教师精神世界的丰富也需要以此为依托。在建设和发展校园文化中要充分发挥大学生和高校教师的作用，鼓励学有专长的教师以导师的身份参与到校园文化活动中，帮助学生编排健康有益的文化体育活动，善于将传统节日、重大事件等元素融于其中，经常给予学生指导或建议，不断提高校园文化活动品质。与此同时，要增加这些活动对学生的吸引力和感染力，使越来越多的大学生愿意加入校园文化活动队伍里，这不仅可以让学生从中得到锻炼，还可以让学生的精神世界不再空虚，借以提升建设和发展校园文化的水平。

3. 建立健全校园文化设施

校园文化设施先进且齐全，校园文化环境优美且恬雅，为校园文化活动井然有序地开展创造了便利的物质条件，也标志着整个学校文化建设与发展的水平。因此，校园文化设施的建立健全和校园文化环境的构筑，是建设校园文化过程中不能遗漏的重要组成部分。高校要科学规划、加大有关方面的资金投入力度，使各类文化设施不断完善，如图书馆、校史馆、电教馆、实验室、音乐厅、学术报告厅、体育馆、计算机中心、博物馆等，利用这些场所来开展具有不同意义又多姿多彩的校园文化活动，满足大学生的精神文化生活需要，进而丰富他们的精神世界。

同时，还应对校园进行合理布局，在绿化美化校园中形成自己独特的文化向心力，使大学生在一个共有的文化精神之上学习生活。可以从对学生情操的陶冶和综合素质的提高视角出发并结合高校自身发展的历史变迁情况，搞好校园景观建筑、建设好园林绿化、装饰好教学楼等地，让整个校园散发出迷人芳香、充满青春活力、愉悦身心成长，成为一个既美观舒适又和谐宁静的校园生活圣地，用这种物态无言的方式感染和影响每名学生，从而达到无声胜有声的育人目的。

4. 加强校园网络文化建设

（1）引导学生正确利用网络文化

所谓的引导也就是启发诱导，是指教育者运用"提出问题—分析问题—展开讨论—统一思想"的思路，引导受教育者积极运用头脑进行思考，并通过思想碰撞和比较分析使受教育者学会透过表面现象探究事物内在的必然的联系；通过对事件正反两方面的解析使教育对象学会用全面的观点来看问题，能够在面对诱惑时保持谨慎，面对挫折时勇往直前；通过开导受教育者改变原来狭隘短浅的认识，学会在看待问题的时候使用全面的、发展的、联系的观点，来开启受教育者的视野、拓展其思维；通过用已知的事实作为依据，使受教育者认识到不良思想导致的严重后果，以达到放弃原有的错误想法、从而走向正确思想轨道的目的。

众所周知，大学生的可塑性是非常强的，当某一新事物出现时，或接受、或排斥，他们都能以最快的速度作出选择，而且以超强的驾驭能力去适应它。在当代校园里，大学生通过MSN、QQ、微信等网络通信平台进行相互沟通，发表一些对时事和热点的个人观点。又通过网易、腾讯资讯等网页了解当下发生的时事要闻，随时关注学校和社会的发展动态。由此可以看出，网络资源的丰富和获取信息的便捷，确实推动了社会的进步和高校校园文化的建设，但是它所带来的腐朽文化也侵蚀了大学生的身心。因此，高校应专门设置网络课程，并设置成必修课，教育引导学生正确利用网络文化。利用网络文化培养大学生的自立和创新精神,帮助他们正确了解、客观分析他们所处时代的环境和背景。大学生也通过网络上及时而丰富的信息资源,拓宽视野,提高参与社会事务的管理能力。

(2)培养校园网络文化建设的管理人员

网络迅速发展的社会背景下,培养一支具备较高政治理论素养且精通高校思想政治理论课传授工作、网络技术的校园网络文化管理人员,是利用网络文化开展传授工作的保证。传授主体需要积极参与理论学习、实践锻炼,使自身具备较强的信息分辨意识、高超的信息处理能力、高尚的信息伦理道德,增强自身的信息素质,使自身符合校园网络文化建设管理人员的要求。

(3)以马克思主义为指导进行网络文化建设

校园网络文化建设应坚持以马克思主义科学理论为指导,坚持正确的价值引导。传授主体在网络工作上要坚持教育和引导的正确性,积极宣传党的正确方针政策,在国内外大事描述和评论上、对西方社会思潮的辨识和批判上,坚持道德底线、法律底线、政治底线,并致力于弘扬优秀的民族文化,使接受主体在这一系列的高校思想政治理论课接受活动中进一步树立民族认同感和自豪感,提高自身的思想素质,提高接受效果。

(4)搭建高校思想政治理论课接受网络文化体系

加强网络服务与接受活动的功能,必须做到以校园网页为主体,以各部门的特色网页为基础,构建全方位、立体化的网络文化体系,通过"新闻专题""时事政治""红歌点播""主题活动""名家点评"等栏目,建立积极向上的校园网络文化氛围,增进接受主体对校园网络文化的关注,并以此为基础及时报道高校思想政治理论课接受活动最新动态,积极引导接受主体参与其中,将校园网络文化与高校思想政治理论课接受活动相融合,"润物细无声"地进行传授活动。

(5)加强校园网络资源的管控力度

要保证校园网络资源的"纯洁",不被杂七杂八的不良思想所"沾污",高校应设立专门的岗位对网上各种信息进行筛选、整理,重视网络体系的日常维护,从而推动网络管理体系的健全发展,同时,努力建设一支整体素养较高的网络管理队伍和评论员制度。而对于网络管理员的培养,要着重选拔一批熟悉新闻宣传、网络技能能手来担任网络管理的人员。这些管理员对信息的采集质量,直接关系在校成员对当下时事的变动情况的了解程度,以便能够与时俱进地进行教学目标的制定和个人综合素质提高的方向。

（三）优化校园运动休闲区的环境建设

运动休闲区是学生放松身心、缓解压力的主要场所。大学生除接受课堂教育、受教学区环境的熏陶外，大部分的时间也会处在运动休闲区环境的影响之下。运动休闲区内的建筑布局、精神氛围、教育活动等环境要素，必然对学生的教育起着重要的作用。

1. 优化运动休闲区的空间布局

亨利·列斐伏尔（Henri Lefebvre）在《空间的生产》中向我们表达了对于空间的看法，即空间不仅仅是社会关系变化的"容器"或"平台"，它还是文化的另一种表现形式[①]。据此，可以认为校园空间是校园文化的表现，甚至它就是文化。校园内的连廊和庄严的列柱也将是对学生教育的一部分，花园里的每块石头都能向学生传递校园精神。无论是哪种类型，都必须以整体性和连续性为原则，进行空间环境布局的改造。整体性原则就是指在设计时应该有统一的思想精神，周围所有的环境布局都应该以此为出发点进行建设，这样可以使学生更加明确学校所传递的思想精神。连续性是指思想精神在空间环境布局上的分布应该是连贯的，不能只在校园里的一个或几个地方体现思想政治教育精神内涵。教学楼的教室是大学生接受思想政治教育最多、最频繁的一个场所，我们应该在其他的校园空间环境中将其连续下去，可以是温馨有爱的宿舍、使人振奋的广场，也可以是宽敞整洁的小路、清澈明亮的湖水。因此，必须要优化运动休闲区的空间环境布局，既要体现校园建筑的审美情趣，也要体现时代脉搏，更要体现校园精神，使学生无论是在课堂内还是课堂外，都能受到环境教育的熏陶。

2. 完善运动休闲区的教育链

大学生的学习任务相对高中来说有所减少，这为学生参加课外活动提供了充足的时间。完善运动休闲区的教育链就是指使学生通过对校园活动的深入了解和学习而形成的对该活动的进一步认识，从而形成一种情感上的认同，而不仅仅是停留在这场活动举办的表层意义上。因此，对大学生的教育要由无到有、由浅入深，使学生形成系统的、切实的思想逻辑。比如学校举办足球比赛，大多数高校

---

① 亨利·列斐伏尔, 晓默. 《空间的生产》节译[J]. 建筑师, 2005（5）: 51-60.

都提倡竞技体育，宣扬体育精神，但往往都忽略了足球比赛带给学生情感上和认知上的变化。笔者认为一场足球比赛的真正作用在于育人，学生通过一次活动体会到的不仅仅是竞技场上的体育精神，更多的是对体育精神的延伸，最后落实到体育活动育人的角度上，形成一个完整的教育链条，这才符合高校对学生的培养目标。当然，形成一个完整的教育链条需要校园活动的组织者做好活动前期和活动后期的统筹计划工作，为学生提供深化自身思想意识的机会和平台，比如组织学生进行赛后反思、邀请专家或专职教师进行专题讲座，使学生充分意识到每一场比赛背后所蕴含的意义，这样才能帮助学生树立良好的思想意识。

（四）餐饮起居区环境的优化对策

餐饮起居区是学生课后生活的主要组成部分，是学生思想政治教育的重要载体。餐饮起居区通过优化思想载体、组织文化活动，不但有利于推动大学生餐饮起居区的文化建设，而且对思想政治工作的开展、学生凝聚力的提高有极大的推动作用。

1. 餐饮起居区设施要体现出思想载体作用

餐饮起居区环境建设投入到位是切实加强学生思想政治工作的基础，高校要高度重视餐饮起居区环境的改善。

首先，要重视"自然环境"建设，使楼体外部环境到内部环境都要保持清洁舒适。例如楼外的绿化美化、楼内张贴的壁画标语或名言警句等能传递给学生不同层次思想信息的文化景观，这些都能营造良好的思想氛围，发人深思，助人自律。

其次，要重视硬件基础设施建设，使学生学习、生活更加便利和舒适，提高学生幸福指数。例如改善室内家具设备，并提供洗衣房、医疗室、微波炉等配套设施，从实际生活中解决学生困难，给予学生便利，让学生在学校内感受到家的温暖，从情感上达到"润物细无声"的效果。

最后，要重视文化基础设施建设，满足学生在餐饮起居区内业余活动的需要。例如加大学生阅览室、自习室等附属设施的投入力度，为校园文化活动向餐饮起居区延伸提供一定的物质条件，这不仅是思想政治教育的要求，也是学生自我发展和健康成长的需要。

2. 生活区休闲活动要陶冶学生思想情感

餐饮起居区是校园思想政治教育的重要组成部分，餐饮起居区的教育活动既要紧跟时代潮流，把握时代脉搏，又要陶冶学生的思想情感，紧贴学生生活实际；既要体现学校特色，又要保证形式丰富多样，这样才能满足学生日益增长的物质文化需要和精神需要。

例如可以在公寓楼内开展大学生公寓文化节，包括感恩教育、团结互助等一系列主题活动，既贴近学生生活实际，又帮助学生树立正确的思想观念；可以围绕大学生关注的热点问题，举办各种讲座、演讲等，既能够让学生积极主动地学习，又能锻炼其表达能力；可以举办文艺汇演，让学生发挥所长，在展现自身风采的同时也提高了自信；可以组织学生参加各种社会实践，积累社会经验，学以致用，自觉建设高层次的餐饮起居区文化。总之，餐饮起居区的活动要以学生为主体，以学生的思想情感为主线，以陶冶学生思想情感为目标，积极营造适合学生发展的思想政治教育环境。

第三节　思政与大学生党建工作协同育人

一、思政工作与党建工作的差异

（一）本质内涵不同

马克思主义哲学在关于社会经济发展水平和政治制度、指导思想等内容的阐述时，提出了"经济基础"和"上层建筑"两个社会基本领域，在"上层建筑"中占主导地位的又为"政治上层建筑"，涵盖了政治、法律、政党等内容，而"观念上层建筑"主要包括政治思想、道德、哲学等内容。大学生党建工作涉及高校党组织管理和设立等内容，在马克思主义哲学中可以划分为"政治上层建筑"；而大学生思政的实施包括对大学生意识、思想、道德规范的引领和影响，因此可以被划分为"观念上层建筑"的领域。

（二）主体范围不同

关于二者针对主体范围的差异可以从工作内容、工作方式等方面论述。第一，思政工作面向全体大学生的社会实践活动，教育内容涵盖了中国共产党的基本理论知识和相关政治文化，不仅注重这些内容对大学生日常思想和行为的引导和内化，还必须结合实际情况遵循大学生的心理成长和个性成长规律，只有这样才能提升大学生思政工作教学效果。而大学生党建工作由于其工作开展的严格性则更注重针对入党与即将入党的大学生，为此党建工作更加注重党的发展规律，也更注重上级党组织对工作的领导及工作环节的规范化，工作开展内容上的区别必然导致两者的主体范围产生一定的层次性和差异性。

二、思政与党建工作的相互作用

对二者之间相互作用的研究是进一步明确二者逻辑关系的核心内容，在新时代高校协同育人理论提出背景下，对育人工作系统内部关键要素之间的相互作用进行研究，有利于实现二者的合作协同，从而为进一步研究二者协同育人时代价值和途径做铺垫，二者的相互作用可以分为两方面内容进行论述。

（一）高校思政工作是大学生党建工作的核心

1. 高校思想政治工作是开展党建工作的重要途径之一

虽然在实际生活中二者涵盖的主要领域有所不同，但是在工作内容和过程中却有着千丝万缕的联系。高校思想政治工作作为连接中国共产党领导和高等教育的重要途径，无论是大学生预备党员、积极分子还是党员多数来源于广大的青年学生群体之中，基于党建工作的严格，高校党组织在吸收党员的过程中必须对广大学生的政治作风和思想道德建设进行严格监督。

公开各项党建工作动态，引导并帮助大学生对党进行充分的了解，从而使党的理论、方针政策对其言行举止进行影响，经过对一系列思想政治教育成效的考核筛选吸收拥有正确政治立场的合格大学生作为党的培养对象，增强了党对于大学生各方面的凝聚力。

2. 高校思想政治工作是大学生党建工作的动力基础

一方面，在校大学生只有接受了思想政治教育，才能在入党前对共产党有一个清晰、全面的认识。与此同时，高校思想政治教育工作的开展要求大学生"以德为先""德才兼备"实现全面发展，为大学生的发展提供了明确目标，营造了高校积极向上的学习氛围和风气，为大学生党建工作开展提供了动力。

与此同时，高校思想政治工作为大学生党建工作注入活力。高校开展大学生党建工作最重要的就是帮助大学生自觉增强自身的政治信仰，坚定政治立场。高校作为党的意识"教育主渠道"，通过新时代高校思想政治工作开展党的思想理论、理想信念等宣传和教育，虽然理论知识体系复杂且庞大，但是通过丰富的教学途径和教育方法对大学生进行传授，促进党的思想理论与创新教学方法的结合，不仅为理论思想内容增添创新色彩，也使得大学生更自觉、更有兴趣、更容易理解并接受党的相关理论知识和社会时政新闻，大学生党建工作的开展也更具有活力和时代性，比如当下被广泛运用的"线上线下"的混合教育方式既符合当今大学生青年团体的时代特点，也拓宽了大学生理想教育的途径，而这些是单纯的线下教学和理论教学无法实现的。因此充分利用"网络思政"等新时代教学途径、社会实践都是搞好党建工作中的理论教育不可缺少的环节，这些充满活力的教学方式和教学理念，使得党的理论及当今社会改革与发展的实际情况更深入学生心中，让他们对中国共产党领导的正确性和社会主义的优越性增加直观认识与切身感受，同时推进党的思想理论教育和理想信念教育的方式的改革创新。

3. 为大学生党建工作培养时代新人

高校思想政治工作的开展为大学生党组织队伍的建设提供了人员储备。高校开展思想政治理论课在很大程度上可以帮助大学生端正入党动机，让其在意识上入党，为大学生党建工作的开展和对党员的培养打下基础。具体来说，高校思想政治工作针对的青年大学生群体充分反映出时代特点。如今的大学生因为社会经济发展水平的提高，生活条件和学习环境逐渐优越，自身的创新意识和能力也越来越强，他们所面临的社会问题也越来越复杂，甚至带来消极影响。新时代大学生作为社会生产力的主要组成部分对国家和党的发展都至关重要，他们通过在思想政治教育课堂上的学习，可以更加全面地认识和了解党的建设历程和优秀传统，帮助自身树立正确理想信念和政治信仰，为加入党组织做好充分准备。因此，对大学生进行科学而有序的思想政治教育，是引导其身体和思想上的正确发展的直接途径，而高校思想政治工作的有序开展则直接为大学生党建工作培养了时代新人。

（二）大学生党建工作为高校思政教育提供重要保障

第一，大学生党建工作不仅有利于推动大学生各项思政工作开展，更为其科学、长久的发展提供理论保障。第二，大学生党建工作为思想政治教育提供组织保障。中国共产党的一切意识形态工作均属于社会主义性质，根本上加强党建工作是为了稳固党的领导地位，而思想政治教育作为党建工作的主要开展方式则属于社会主义意识形态教育，因此可以说正是有了党建工作的开展，思想政治教育才能发挥其"意识形态教育"的作用。只有高校育人事业的发展有党的领导，高校育人工作的开展才有依可循，同时只有加强党的建设，高校才有可靠的党组织作为开展育人工作的保障。新时代在高校范围内可以通过大学生党建工作为社会主义事业不断培养建设者和接班人，不断为党组织注入优秀青年力量，有了优秀的学生党员和培养对象，青年大学生群体中就有了"先锋力量"和优秀榜样。

三、高校大学生党建工作的时代新要求

党的十九大对党的章程作出的修改补充体现了新时代马克思主义中国化的最新发展成果。就目前为止，在党的发展历程当中，党章的制定和修改反映出中国共产党在不同时期与时俱进的科学指导思想，这些新思想理念是任何领域进行研究的重要保障和依据，更是党建工作在新时代下的新目标和新任务。由于高校对于社会和国家的重要地位和特殊意义，大学生党建工作作为高校育人工作领域的核心和高校的"政治和组织优势"，领导并影响着高校各项育人工作的落实效果，作为中国共产党建设工作的重要组成部分广泛联系着党与高校广大青年群体，是高校育人工作的坚定后盾。

第一，坚定党的全面领导。新时代社会主要矛盾的转变决定了党的工作方向，新时代的发展决定了人才培养标准，新时代党中央从方向、目标、方法、核心等层面引领高校育人工作的开展，为高校的人才培养提供了发展方向、理论支持和政治保障。大学生党建工作作为高校党建的重要组成部分，更需要坚定党的全面领导，党的十九大以来，为提升大学生的综合素质，真正解决政治信仰问题，高校大学生党建工作被前所未有的重视，其工作的开展不仅拥有党中央政策的支持，也在各个方面得到党的政治引领，高校党组织也坚持以贯彻党中央的全面领导为基础，在高校工作领域发挥自身指导作用。只有坚定党的全面领导，高校才能通

过大学生党建工作的开展强化对大学生的政治引领；只有始终坚持党的全面领导方向，才能实现高校党的基层组织建设和党员队伍建设。

第二，坚持理论继承与创新。中国共产党的发展历程伟大且艰辛，党在每一阶段的发展都伴随着科学而又值得借鉴的理论内容，这些指导思想不但可以继承，也可以结合当下实际情况，发展成为最新的党建思想内容，为不同时代的中国特色社会主义发展提供相关借鉴和历史经验。而高校大学生党建工作的开展和高校党组织的建设也同样需要"以史为鉴"，正确引领高校工作的发展。从高校大学生党建工作的角度来看，开展思想建设一方面要深入学习党的传统思想理论及党的发展历程等内容，也要将学习党的十九大会议精神、习近平新时代中国特色社会主义思想作为当下的核心学习任务，加强大学生党员队伍的理想信念教育和思想道德建设，要使之在根本上就拥有坚定的政治信仰。因此，必须面向大学生开展党建理论的继承与创新，使大学生能够明确当前时代的发展特征，加强对新时代挑战的应对能力，可以应对经济快速运行带来的负面影响和考验，真正肩负起新时代中国特色社会主义现代化事业的建设使命。

第三，党员队伍扩大的同时注重党员质量的提升。随着党中央对各级党组织工作及高校培养人才工作的重视，为完善大学生党建工作，大学生基层党组织结构不断细化，党员队伍不断壮大，大学生党员数量呈上升趋势，相应的管理制度逐步完善并加以推行。为增强大学生党建工作的效果，其影响力、领导力也必须从大学生的日常学习和生活入手。大学生党员作为青年优秀先进分子，其特殊的地位决定了其具有更高的思想文化素养、政治坚定力，导致他们具备了先锋模范作用和积极影响，因此只有保证大学生党员、积极分子的质量，比如对其专业文化、政治素养、道德规范等的培养与要求，才能保证其真正影响到身边的大学生群体，成为大学生各项活动的组织者和积极参与者，带动其他同学不断进步。

四、思政工作与党建工作协同育人的价值

（一）体现大学生党建工作先进性

新时代党的指导思想仍作为高校思想政治工作的核心内容，其中包括各个时期党建工作的相关决策和纲领内容，涵盖了对高校人才培养目标、高校思想政治

工作关键任务等的具体要求，这些与时俱进的思想理论指导着高校思政工作和大学生党建工作的发展，响应时代发展号召，不同社会背景下高校思想政治工作的核心内容充分反映出大学生党建工作的先进内容。

2020年新冠肺炎疫情暴发，以习近平同志为核心的党中央针对不同时期的疫情和社会现状，及时制定相关政策，采取相关应急措施，坚决带领全国上下全力开展疫情防控工作。疫情带来的挑战，提升了党中央面对重大危机的应对能力，也体现了党中央和全国人民的凝聚力和顽强毅力，充分反映出中国共产党执政工作的先进性和科学性。在此背景下，要求高校思想政治工作必须结合当下社会现状，在原有的基础上融合党的新政策和方针，加强对最新社会问题、事件和新闻的重视，为的是引发大学生自主思考当下社会的发展，实现思想政治教育的有效性和时效性。由此可见在这一特殊时期，对于大学生党建工作的要求必须要与党中央保持高度一致，引导全校大学生和大学生党员在重大公共突发事件的面前坚决做到"两个维护"，在新的社会考验中强化自身的政治意识，发挥先锋模范带头作用。高校思想政治工作及时融合新时代社会发展的内容，从侧面体现出新时代对大学生党建工作的要求，充分展现了大学生党建工作内容的先进性。

（二）为高校思想政治工作提供重要基础

大学生党建工作通过制度和措施科学地保障大学生党员的主体地位和基本权利，同样大学生在思想政治教育过程中的主体地位也备受关注。大学生党建工作的建设是为了培养青年大学生成为坚定的马克思主义者，从中培养拥有更深层、更坚定政治信仰的社会主义事业建设者。高校基层组织作为高校党建工作的战斗堡垒，要从根本上把握大学生党员队伍的建设，这是保障党建工作和战斗力的基础，对贯彻中国特色社会主义理论体系及党的路线方针政策起到了推动和促进的作用。随着越来越多优秀大学生加入党员的队伍中，对大学生党员队伍质量的重视必须尽早"提上日程"，高校基层党组织通过大学生党建工作对大学生学习思想政治理论起到了管理、教育、组织的作用，促进了大学生的思想和道德素养等方面的进步，高校基层组织工作的开展保障了高校思想政治工作的开展，为其提供了坚实的工作基础。

(三)为大学生党建工作培养时代新人

高校思想政治工作的开展为高校大学生党组织队伍的建设提供了人员储备。高校开展思政理论课在很大程度上可以帮助大学生端正入党动机，实现在意识上入党，为大学生党建工作的开展和对党员的培养打下基础。具体来说，高校思想政治工作针对的青年大学生群体充分反映出时代特点，如今的高校大学生因为社会经济发展水平的提高，生活条件和学习环境越来越优越，自身的创新意识和能力也越来越强，他们所面临的社会问题也越来越复杂，甚至带来消极影响。新时代大学生作为社会生产力的主要组成部分对国家和党的发展都至关重要，他们通过在思想政治教育课堂上的学习，可以更加全面地认识和了解党的建设历程和优秀传统，帮助自身树立正确理想信念和政治信仰，为加入党组织做好充分准备。因此对大学生进行科学而有序的思想政治教育，是引导其身体和思想上正确发展的直接途径，而高校思想政治工作的有序开展则是直接为大学生党建工作培养了时代新人。

(四)为大学生党建工作注入活力

高校开展大学生党建工作最重要的就是帮助大学生自觉增强自身的政治信仰，坚定政治立场。高校作为党的意识"教育主渠道"，通过新时代高校思想政治工作开展党的思想理论、理想信念等宣传和教育。虽然理论知识体系复杂且庞大，但是通过丰富的教学途径和教育方法对大学生进行传授，促进党的思想理论与创新教学方法的结合，不仅为理论思想内容增添创新色彩，也使得大学生更自觉、更有兴趣、更容易理解并接受党的相关理论知识和社会时政新闻，大学生党建工作的开展也更具有活力和时代性，比如当下被广泛运用的线上线下的混合教育方式既符合当今大学生青年团体的时代特点，也拓宽了大学生理想教育的途径，而这些是单纯的线下教学和理论教学作用无法实现的。因此充分利用"网络思政"等新时代教学途径、社会实践都是搞好党建工作中的理论教育不可缺少的环节，这些充满活力的教学方式和教学理念，使得党的理论及当今社会改革与发展的实际情况更深入学生心中，让他们对中国共产党领导的正确性和社会主义的优越性增加直观的认识与切身的感受，同时推进党的思想理论教育和理想信念教育的方式的改革创新。

五、思政与党建工作协同育人途径

（一）理论统一强化协同育人指导

毛泽东在《工作方法六十条（草案）》中说："思想和政治是统帅，是灵魂。"对于高校育人工作来说二者也占据同样重要的地位，高校思政和大学生党建工作也正是政治工作和思想工作的集中体现。高校思想政治工作与大学生党建工作之所以能够合作、同向育人是基于二者拥有共同的育人总目标，并且工作领域均归属于高校，同样面对广大的青年学生，而这些因素中最根本、最核心的基础就是始终坚定党的全面领导。二者工作的开展均以党的一切指导理论作为指导思想和核心内容，因此坚定共同的指导思想理论和指导方向，有利于加强对大学生的政治理论指导，实现党对高校育人工作的领导。

（二）思政课教师参与党建工作开展

从思政课程的教师队伍出发，思想政治课专兼教师自身对于"马克思主义基本原理""中国近现代史纲要"等专业课程的理论知识和教学方法掌握透彻，其价值观念和政治信仰相比之下也会更为坚定，其实也已经符合担任相关党建工作的人员职能和素养。因此，高校可以委任一些教学经验丰富、教学水平高、专业素养较高的思政课教师在教学的同时可以兼任一些党建工作中的大学生党员培养和管理，开展党校课程，举办"形势与政策"相关主题的会议、讲座等工作，并且在这一过程中可以很好地对大学生的思政教育社会实践进行监督和指导。

高校协同育人工作建设为大学生党建与高校思政课程教师队伍的工作提供了许多新的思路和途径，二者专兼师资队伍协同育人能同时促进工作的开展，实现与大学生生活、学习上的融合，有效应对大学生成长过程中出现的问题，使得两方面的工作内容得到较好的衔接合作，使思政教育者和党建工作者之间的沟通加强，为思想政治工作和党建工作提供更好的学习提升空间。

（三）青年党员发挥自身优势

优秀青年及大学生党员在高校中具有积极作用和深远影响，从年龄的划分可以看出，大学生党员和青年党员干部都来源于广大青年大学生，通过自身的严格要求和努力学习成了党组织的一员，与一些资历深厚的党员干部或是教师相比，更容易为自己的同龄人设身处地地思考问题，这也正是青年党员的一个明显优势。在管理大学生面临一些难题、困难的时候，青年党员因为自身与被管理者年龄相仿，在思想上和行为上有许多的相似处和共鸣，所以可以在关键时候给予更具针对性的意见和建议。此外也可以委任优秀的大学生党员或是通过委任高校基层党组织中的青年党员干部来协助辅导员工作、在遇到一些关于管理大学生的问题时可以给出自己的想法建议作为参考，再根据实际情况和学生的个人情况整理出解决方案。

（四）建设协同育人队伍，提升育人水平

为贯彻党中央精神，高校坚持推进全方位、全程、全员育人模式，促进高校思政工作与大学生党建结合，由学校党委统一领导，各个部门和思想政治理论课教学机构相互配合，共同落实校内全员上下齐抓共管的运行机制。

1. 党建工作者融入思政课教师队伍

协同育人师资队伍在有相交叉的工作环节和领域充分结合。高校的党建基层组织包含学工处、学生党校、纪委团委及各个院系党支部等部门，其中在岗的基本上都是党建工作的管理人员，对于党建工作的管理和开展具有一定的专业经验，可以委任其为思政相关专业课的教师或是思政实践活动的指导教师，充分体现了党建工作者的专业素养和教学能力。

现如今有很多高校会委任党组织中的党委书记等人员成为思想政治教育相关专业的学生导师来负责学生日常学习和论文的指导工作，在这些过程中，不仅可以通过指导学生、与学生进行学术的探讨提升党建工作者自身的专业水平，同时也会让党建工作者深入了解大学生的性格特点和发展规律，提升其管理能力，这些经验更有助于运用到党建工作的开展中。

2. 建设高水平协同育人队伍

党建工作队伍和思政课教师队伍之间的协同合作涉及高校多方工作人员，二者之间协同育人工作的开展不仅是一方的责任，更不是将二者关系简单化看待，而是需要理论素养坚实、政治立场坚定的师资队伍在思想上重视，才有可能达到协同育人的水平。

第四节　构建全方位的思政育人体系

高校思政教育的有效开展，要从课程协同、教师协同，环境协同三个维度出发，构建全方位的"课程思政"育人体系。首先，课堂环境。教师在课堂上配合丰富新颖的课堂教学手段，辅以出色的授课能力对学生进行全方位的课程教学和价值观培养。其次，校园环境。校园是弥补高校思政教育短板的重要载体，从而形成一个"育人为本，德育为先"的教育环境，寓教育于环境。最后。网络环境。如今的学生人人都上网，移动终端的发展更是为学生上网提供了便利。因此，教导学生通过网络学习也是每个教师应尽的义务。这三个环境都是育人的有效载体，合理运用且发挥他们的协同作用对于"课程思政"的开展有着积极作用。

一、营造高校"思政教育"的育人环境

首先，课堂教学是立德树人的根据地和大本营，一切的知识传输和德育培养都在这里出发和进行，学生在这个环境中的注意力更加集中，教师的教育也更有针对性和合理性。针对学生的具体情况和需求，教师可在课堂上进行正确的教导。课堂上的互动，也是学生对于自我价值探索和教师引导的过程。其次，社会实践的环境是对课堂教学的补充和检验。课堂的环境井然有序，而社会的环境相对于学校更加自由。学生在这个环境中更加放松，从而容易展现出自然和本来的一面。这方便教师及时发现学生行为品行中出现的问题，对症下药及时解决。另外，突发情况和临时场景所出现的问题是难得的教学素材，只要教师懂得合理运用，便可取得较好的教学效果。此外，高校教师可发挥互联网环境的优势，扬长避短。例如引导学生完成"学习强国"的学习，打卡青年大学习，并将完成程度纳入期末考试成绩，发挥不同育人环境的优势及特色。

二、树立"全员、全程、全方位育人"理念

大数据时代下，坚持"全员、全方位、全程育人"理念在于遵循思想政治工作协同育人规律，打破传统的高校教师与学生之间的孤立的单维教育链条，形成由政府、高校、家庭、社会等多个主体共同建构的形式上各自独立，但在机制上又相互关联、交互的育人场域，利用育人场域内多个成员主体、多种育人资源、多重育人空间的能动性作用协同运转、相互配合，形成思想政治工作合力。首先，

坚持"全员育人"理念。校内教职工、家庭成员、政府官员、社会组织都负有大学生成长成才引路人的责任，是全员育人系统的子要素。"全员育人"理念视阈下，要以系统思维和整体视角考察高校思想政治工作，把政府、高校、家庭、校友、企业、社会组织等一个个独立的集群看作是子系统，子系统之间依托大网络、数据流、连接键，连同周围的空间、时间、介体、信息共同构成开放、包容、联动的思想政治工作有机体，营造校家、校政、校企、校社等互联共通的"大政工"实践格局，要素之间基于交叉、互动、共话、协同、合作关系实现组合优化和效果集成。其次，坚持"全程育人"理念。"全程育人"理念视阈下，思想政治工作基于大学生成长这一主要线索在时间上保持一个长期的持续过程，其工作主体根据大学生在不同成长阶段的学习需求、思想特点、社会心理，采取不同的工作方案，将思想政治工作贯穿于大学生成长的每一个阶段和过程。高校要抓准大学生从进校到毕业、从在校到假期、从上课到周末等时间转接节点，利用大数据全天候、全时段追踪大学生思想行为变化，采取课上与日常、显性与隐性、正式与非正式教育有机结合的实践育人方案，强化大学生政治、思想、品德素质的全方面培育。最后，坚持"全方位育人"理念。"全方位育人"理念视阈下，高校要以空间中存在的一切工具、形式、方法、手段为中间载体，赋予各个中间载体以关联关系，将思想政治工作融入大学生校园生活的方方面面。高校要借助线上网络新媒体、三微一端、App 平台、微课慕课、大数据云计算中心等信息网络，全方位为大学生提供服务，包括自动化测评大学生综合素质、公正评比奖学金、精准对接贫困生资助帮扶、大力宣传网络文化精品、建设网络心理辅导室、加强学风校风宣传、加快学生组织信息化建设与管理、建设大学生征信体制等，同时利用线下课堂、校规班规、红色展馆、家风文化、社会热点等资源协同，形成多渠道、多维度、多层次的全方位育人格局。

三、全面细化育人举措，畅通内外衔接

首先，协同育人力量，提升育人执行力。学校开展育人工作，需要校内所有大学生和高校教师承担育人职责，发挥育人作用，还需家庭和社会的协同配合，以立德树人为共同目标，引领学生树立正确的人生观、世界观和价值观。因此，要健全校内外育人沟通、监督机制，围绕"十大育人体系"在育人资源利用、育

人作用发挥情况方面共享信息，共同探讨、解决问题；学校与家庭、社会要正确引领学生的思想价值观互相交流、监督，在此基础上，学校综合考察校内外育人目标是否一致、育人内容是否相互承接、育人效果是否持续深化，综合考查学生对知识与价值关系的认知程度，集思广益共同解决育人过程中的问题，优化育人内容、改进工作方法、创新工作载体。

其次，整合、共建优势育人资源，实现资源共享。校内物质文化和精神文化就包含育人导向的资源，包括良好的学风、师德师风、校风、内含寓意的标志性建筑物等，以及"十大育人体系"各方面的育人资源；校外有各种爱国主义教育基地、中华文化教育基地等；家庭有家风、家训等。这些育人资源要按照育人内容的不同，分门别类地整合，同时开发网络育人资源，实现基础教育到高等教育的育人资源有效利用与共享。高校要充分利用线上育人资源，与线下资源形成优势互补，有选择地连接其他地区育人资源，实现不同地区育人资源互通共享；要结合地方特色，共建育人资源，注重用好家庭资源，实现校内外育人资源的对接补充。

最后，覆盖全场域，促进互通融合。实现"三全育人"，落实立德树人根本任务，需要各部门、各主体"守好一段渠、种好责任田"[1]，全面抓住影响育人效果的场域，实现各方面的有效互通、协同衔接。

一是要推进课内外衔接。课堂教学是教书育人的主渠道和主阵地，通过多样、丰富的内容及传统和现代方式、载体，帮助学生理解知识，内化于自己的知识体系之中。但还需要课外教学活动来帮助学生深化对课堂教学内容的认识，达到理性的高度，同时付诸实践。这需要学校各部门、各岗位的育人主体协同社会、家庭结合课堂教学内容，通过校园文化活动、教学体验、社会实践、志愿服务等活动形式，带领学生亲身体会以帮助他们深化认识，引导他们付诸实践，逐渐形成良好的行为习惯、品德素养。二是要推进在学与假期的衔接。学生在校学习是有组织、有目的、有针对性的，而假期学习除了定量的课业任务就得靠自主学习。各级各类学校要根据各年级学生身心成长特点、教学目标、假期时间，设置合理、多样的实践主题，联系家庭、社会育人主体共同引导学生独立完成。

---

[1] 习近平：把思想政治工作贯穿教育教学全过程　开创我国高等教育事业发展新局面[N].人民日报，2016-12-09（01）.

四、形成高校思想政治教育的协同育人机制

我们应明确每个环境都有其劣势之处,解决之道便是将三者有机结合,实现联动,对思想政治教育的育人格局起到协同效应。其一,课堂教学教师仍为主动,缺乏互动性和趣味性,容易令学生丧失注意力。其二,社会教学环境需要寻找适合教学内容的地点,否则易陷入形式主义的尴尬境地。其三,互联网大环境具有虚拟性和包含不健康信息,学生难以辨别。所以,为了达到育人环境协同的目的,需要从以下五个方面着手。

第一,课上和课下、线上与线下的育人要确立共同的目标。归根结底是落实立德树人的根本任务和培养德智体美劳全面发展的新时代大学生,需要厘清两方面联动的关系,在此基础上充分利用好思想政治教育的资源,打造与时俱进,充满正能量的校园文化。

第二,无规矩不成方圆,任何模式开展都需先指定合理的制度,需结合校园特定的客观情况,充分发挥教学环境的联动性,与高校育人同向同行。线上线下的联动模式能否成功实行,取决于是否有合理的监管制度,任何事物都有积极性和消极性,正确的监管制度可保证充分发挥联动模式的正向积极作用,摒弃互联网端的消极信息。

第三,执行过程需贯穿教学过程始终,课堂上教师引导学生建立健全的思想品格,学生在对课堂保证兴趣的同时在线上教学仍能保持和教师的互动与呼应,在这种全员参与的模式下完成环境的协同作用。总之,统一的目标、合理的管理制度及全面的互动,可充分发挥环境协同的积极性,对培养合格社会主义接班人起到事半功倍的效果。

第四,完善专业协同育人生态系统。打造各专业"课程思政"协同育人生态系统核心在于顶层设计,关键在于组织架构,重点在于全面细致。

①从顶层设计来看,高校"课程思政"建设领导小组应该针对专业协同育人方面成立专门办公室,主要是制定针对协同育人在育人模式、组织架构、奖惩措施、沟通协调等方面的具体方案。诸如育人模式上考虑课堂教学与实践的结合,包括论坛、研讨会、辩论赛、社区实践、工厂实习等;组织架构上,尝试设立分片模式,针对不同专业设定统筹联络人;在奖惩措施上,针对高校"课程思政"建设中的党纪国法问题出台明确文件。

②从组织架构来看，应充分明确，针对高校"课程思政"建设协同育人成立的组织架构应具备何种职能性质，明晰边界条件，避免交叉管理和重复工作。

③从全面细致来看，生态系统必然要求全口径下的全覆盖，针对高校这一独立的"课程思政"建设主体而言，该协同育人生态系统应该覆盖到高校党委、团委、学院领导、学院思政工作者、学生干部、宿舍管理员等人员，覆盖到包括体育课、实验课、试听课、讲座课在内的所有课程，覆盖到学校食堂、学校医院、学校安保、学校后勤超市等方面。

第五，打通专业协同育人渠道。畅通各专业"课程思政"协同育人沟通渠道主要是在课程协同、教师协同、管理者与教师之间的协同三方面。

①从课程协同来看，主要是课程内容的协同育人。如前文分析，高校"课程思政"建设要求的思政元素应符合高校思想政治理论课的要求，因此建议专业课堂上所需融入的思政元素应该与思政理论相一致。除此之外，就是不同专业的课程内容的协同，彼此应避免内容相悖、内容重复，应相互支撑、相互融合。这一点主要是针对逻辑性较强的理工科课程而言。

②从教师协同来看，一是针对大班授课引致的低效性，建议同专业的教师可以在"课程思政"建设上予以合作，通过分工细化，将大班课改为小班课或者利用互联网工具制定线上课程，对学生设定登录权限，让他们分批上课，全力弱化大班上课引致的低效问题。二是针对不同专业的教师而言，加强交流合作，推动信息共享，拓展"课程思政"建设实践渠道，充分满足不同专业的大学生对思想政治教育层面的实践需求，降低其对"课程思政"建设的抵触情绪。同时在课程内容改进和监督方面，不同专业教师思路存在差异，加强交流可以拓展思路、丰富学生学识。

③从管理者与教师协同来看，主要是搭建在生态系统内，用于教师与教师、教师与管理者、教师与课程、管理者与课程之间的沟通平台，这种平台主要是线上的互联网平台，但需要同时涵盖PC终端、移动终端和手机终端。

五、构建高校思政教学实践的新平台

当代大学生是最先接触也是最易接受互联网的群体，同时也更易受其影响。互联网具有广泛的传播性，这在另一方面也使得其成为高校思政教学的重要平台。

例如微博，具有广泛、强力传播信息的特点；微信具有移动、时效性等传统信息传播媒介不具备的特点。近年来，互联网的高速发展，为大学生分享生活经验提供了便利条件，潜移默化地影响了一代人的生活方式。可充分发挥互联网强传播性和互动性的特点，开展高校思政教学工作。

在传统的教学环境中，教材是学生获取学习资料的唯一渠道。而在网络环境下，获取信息的便捷性加大了学生学习的主观能动性，也将教师从重复答疑的过程中解放出来，将精力投入新媒体平台内容的更新和完善中。例如通过"学习强国"软件进行学习，并根据学生的学习分数考核日常表现；"青年大学习"微信公共平台的每日推送既满足了学生的求知欲，又筛选了最适合当下青年人需要接收的信息进行推送，对大学生价值观的养成有着巨大的帮助。

六、构建高校思政育人的运行机制

统一管理机制，找准立德树人总目标与多元主体意志诉求的利益结合点，在规划和分工中实现体系价值整合，凝聚主体力量；完善保障机制，加强制度、理论、教师队伍和协同育人模式的建设实现资源整合，为挖掘"十大育人"资源功能，形成育人合力奠定基础；优化反馈机制，从动机激励、过程监督和结果评价三方面入手实现行动整合，在运行中推动育人体系可持续健康发展，真正使高校思政工作"立成一个体"。

（一）统一高校全方位思政育人体系的管理机制

1. 党委统一领导保证正确育人方向

在党委的统筹下，可以确保各个组织部门、教学环节中的各项责任能够落实到位。首先，要突出高校思政育人工作中的党委领导地位，加强顶层设计工作，制定全方位思政育人实施规划。党委在宏观统筹下布置规划高校思想政治工作始终围绕立德树人这一中心来规划、设计、部署、落实。其次，要培养党委成员的育人责任意识，实施一岗双责机制。一方面党委领导干部要履行原本岗位的职属职责，兢兢业业发挥榜样先锋力量，起到标杆引领、模范带头作用。另一方面要履行政领导职责，贯彻执行上级党组织在思政育人工作中的决策方针与部署安排。最后，创建校院两级联动工作机制。以马克思主义学院作为重点学院进行建设，带头引导其他院系积极响应校党委的号召，根据自身学生的素质特点、基础经费制定具体教育方案，对"两学一做""三会一课"等学习活动作出具体要求。

2. 党政齐抓共管形成职能机制

在高校全方位思政育人体系中打造党政齐抓共管一体化育人格局，首先，要明确行政组织的育人职责。遵循民主集中制的原则，经过高校党委联席会议的协商、讨论及决议后，确定重大事项的安排与部署，打造全面的、多层次的领导、分工工作机制，为提高党政工作事务决策效率和准确性奠定基础，降低运行成本。其次，打造"倒T"型互动机制，凝聚主体共识。不同部门、主体所承担的实际工作要求不同、任务不同，要畅通党委和各行政组织的沟通路径，在具体的、阶段性的目标制定和规划中，找准立德树人总任务与不同主体诉求间的利益结合点，引导主体在实现自我价值的过程中自觉承担育人职责，凝聚共识。最后，加强教职工与学生党支部之间的交流与互动，另一方面带领党组织的成员深入校园基层学生工作之中，或发展基层工作中有潜力的青年教师、学生，壮大党员队伍，推动党员影响力渗透下沉，激发各基层部门的育人活力。

（二）完善高校全方位思政育人体系的保障机制

科学的理论是实践经验的理性总结和升华，蕴含学科逻辑和思维，是实际践行的指南针，对实践具有巨大的指导作用。但作为理论来源的历史实践总是处在不断变化与发展之中，理论的科学性、严谨性建立在对实践变化的正确认识和不断创新更迭中。东华大学实施德育研究提升工程，聚焦思政育人过程中存在的重难点，如课程内容、教学方法、考核方式等，组建研究团队，其目的就是为一体化思政育人提供理论支撑。

以理论知识武装主体，全面提升知识储备，克服经验本位的工作惯性，为思政育人教学工作的全方位开展做好充足的准备。高校要创建思政工作创新及理论研究中心。坚持改革创新的力度，并提升对育人理论研究的整体水平，将研究中心作为教师思政育人理论的交流中心，打造思政集体备课平台，围绕党的建设、思政教育、意识形态工作等相关的理论知识及实践中的运行情况展开全面的研究和探索。在指导教师将所学、所接触的理论知识投入实践中加以应用，在实践中检查验证普遍理论的适用性的同时，将所得的个别经验重新进行理性整理形成普遍理论，在科学理论知识与实践教学经验两者之间建立紧密的联系，不断开创思想政治教育工作的新局面、新态势。

（三）优化高校全方位思政育人体系的反馈机制

1. 改进高校全方位思政育人体系的激励办法

激励机制是指以人的需要为出发点，运用一定方式提升主体在追求既定目标时的主观意愿程度，从而激发自身的能动性、主动性和创造性，并生成与之对应的积极行为方式，是促使主体发挥潜能、提高工作效率的重要手段。贵州财经大学在强化顶层设计，推动教学改革的过程中，针对不同层级标准的教师给予相应标准的薪酬，形成了"5+1"模式的激励机制来提升教师参与的积极性，初步形成了教改成果数量多、优良率高的格局。高校全方位思政育人体系中所内含的主体多元，主体诉求多样，设计高效、生动、稳固的激励办法，一方面可以提升教职工的育人热情和自觉性，另一方面可以提升大学生自我教育和自主学习的积极性。高校全方位思政育人体系中改进激励办法，首先，要注重对育人主体多重需要的激励。思想政治教育工作不是功利性的社会活动，不以经济效益和物质利益的获取为最终目的，因此，在激励过程中，也不应单纯地以物质激励为主线，还要从主体的精神需求入手，在人格和思想上引导主体全面地占有自己的社会关系，在实现自身价值和能力突破的过程中产生自豪感、成就感和满足感。其次，创新激励的方式与方法。时代环境和人的思想观念都处在不断地发展变化之中，激励办法的运用要与之相适应，在适应中寻求超越，在继承传统榜样示范、物质奖惩的同时，要发展和创新实践锻炼、情感体验等激励因素，充分结合网络新媒体生动形象的表现激励内容，提升激励水平。

2. 建立对高校思政育人效果的科学评价体系

科学的评价机制能够通过对执行过程和执行结果的评估、总结，给予系统以正向反馈，从而得出改进策略、方法以促进系统升级完善，推动系统的健康可持续运行。中国人民大学在本科人才培养过程中，设计制定了以学生成长阶段为主线的学生课外综合管理评价系统。北京林业大学通过实施"青蓝计划"强化评价激励机制，对思政育人过程、质量效果和学生的获得感三个维度进行综合考评、立体分析，以此提升教职工人才培养能力。在高校全方位思政育人体系的创建工作中，建立科学的评价体系，是客观看待思想政治教育工作目标的实现程度、具体评判育人体系的实施效果的必要条件。通过评价结果的展现、反馈，从中了解体系自身现存的不足并加以改进，是建构长效全方位育人体系的必由之路。具体从受体对象的角度划分，高校全方位思政育人体系的评价体系可分为对学生学习效果的评价和对教师教学效果的评价。首先，针对学生学习效果的评价。打破以往以定量考试成绩为定性标准的错误导向，第一，要创新评价方法，将静态考试成绩与学生成长的阶段性动态变化相结合，将重点放在非认知领域，以课程成绩为核心，利用调查研讨、专题作业、时间观察等多种方式为辅助，对学生进行全面评价；第二，要拓展评价内容，将生硬的理论知识与开放性的实践应用相结合，以启发联想代替死记硬背、生搬硬套，实现学生学习由认知向认同、由他律向自律的转化。其次，针对教师教学效果的评价。第一，在院系评价工作中，务必要制定量化的具体指标，尽可能地消除评价时的主观色彩，提高客观性，将教师在课程、实践、网络、心理、组织等方面工作的完成与落实情况纳入评价指标之中，对全方位育人体系的落实情况进行检验；第二，动员学生的主体性力量，高校要将每一个班级作为一个单位，以学生为评价主体，以教师工作为对象来进行评价。同时，为了确保学生对教师评价结果的公正、公平性，学校可以采用匿名投票、网络投票相结合的方式来组织评价活动，并且将两种评价的结果进行横向对比，更加客观地获取最终的评价结果。

此外，要健全高校思想政治工作评价体系，研究制定内容全面、指标合理、方法科学的评价体系，推动高校思想政治工作制度化。只有协同好质性评价效度与量性评价信度，才能使全媒体融场域下的高校思想政治教育"上连党心，下接民心"，更加有温度、有质感。

第一，以"不变"考察教育内容，以"变"考察教育内容的表现形式。全媒体融场域下，高校思想政治教育内容必须坚守马克思主义意识形态理论，同时不断创新表现形式，提升表现形式的"技术"含量。因此，高校思想政治工作评价体系必须严格考察教育的"绝对内容"是否体现足够的基本性、学理性与规范性，同时从表现形式层面着力考察"相对内容增量"的技术性。这一综合评价标准既保证了全媒体融场域作用的充分发挥，又体现了思想政治教育内容层面变与不变、存量与增量、绝对性与相对性的辩证统一。

第二，静态评价指标与动态评价指标相结合。传统的静态评价指标包括既定的思想政治教育政策、制度、内容等，它守住了"底线"，但未考虑到思想政治教育发展在客观因素作用下的不确定性。比如全媒体融场域影响下的即时重塑性，使得思想政治教育方法、载体等要素的地位和作用得以凸显，这时评价着力点应随着指导理念、内容形式、执行方法等动态指标的融合化发展而变得更加灵活有效。因此，在全媒体融场域的新样态下，高校思想政治教育评价体系必须由传统的静态一维考量导向，转向"动静结合"的融技术评价指标，才能使得整个思想政治教育体系的质效化运行实现融为一体、合而为一。

第三，综合考察教育方法的实效性与人本性。思想政治教育的内容表达与方式方法以追求实效性为目的，同时还要考量人本性的协同作用。因此，对思想政治教育方式方法的评价，必须综合考察实效性与人本性两大要素，从而敦促其发挥出交融互促的协同作用。教育主体利用全媒体技术时，要充分考虑受众的心理与接受能力，建构包含主体、资源、方式、时空、技术等多维度的立体化协同创新模式，形成由环境、目标、理念、效应等元素构成的互动耦合机制，从而建构全媒体融场域下高校思想政治教育发展新体系。

七、充分发挥融媒体全方位育人功能

根据"三全育人"要求，高校各个部门的各个环节都应该承担育人工作，高校融媒体中心亦是如此，除了队伍育人、内容育人之外，更应拓展实践教学育人、普及媒介素养等功效。

（一）加强把关遴选，以优秀的网络文化武装人

高校要打造优质的媒介环境，要以新时代社会热点时事引导人，以科学理论武装人，以具体生动的事迹鼓舞人，以校史文化的故事来塑造人，以健康向上的环境来感染人，充分发挥校园媒体的育人功能。然而在自媒体时代，人人都是传播者，对于宣传意识不够、新闻专业性不强的个人往往可能适得其反，对学校或者学生造成负面影响。高校融媒体组织在占有全校资源的同时，更有把握全局的高度和认识，在内容采集、发布过程中具有"把关人"的身份。

融媒体在高校协同育人方面发挥着十分重要的作用，从某种意义上来讲，可

以用"四两拨千斤"形容。在融媒体环境下，高校可以将大部分的力量集中起来盘活高校的信息资源，并通过统一的宣传方式进行思想政治宣传。通常情况下，学校党委领导直接负责融媒体在高校的运行，与此同时高校融媒体领导小组由党性较高的人员组成，以此来对融媒体中的信息进行筛选把关。当遇到网络污染信息时，也可以做到及时清理，从而引导大学生朝着正确的方向发展。

（二）创新举措，培育媒介素养高的新时代网民

融媒体技术的普及给受众带来众多变化，其中最显著的就是媒介功能趋向复合性，媒体不再只是信息的传播渠道，还演变成了社交的主阵地。如今的青年人机不离手、身不离网，时时处处都在参与着传播活动，然而良莠不齐的信息让受众眼花缭乱、低劣的传播技巧让传播活动变得面目可憎。

在这种环境下想要实现创新，培育高素质新时代网民，就需要从融媒体的媒介素养着手。众所周知，高校融媒体是一个面向全校师生开放的平台，在这个平台中教师、学生作为主要的受众群体，他们的线上信息接受习惯及线下引导在很大程度上决定了高校融媒体的宣传效果。例如线上信息内容的设置会随着时间的流逝，对学生信息接收偏好产生影响，甚至使学生形成一定的思维偏好；此外，教师通过线下教育引导的方式，帮助大学生掌握鉴别网络信息内容真假的技能。通过这种线上线下联合教育的方式，逐渐提升高校大学生和教师的媒介素养，这不仅可以帮助高校教师和大学生熟练使用融媒体工具，同时也能使其思想道德素质得以提升。从具体上来讲，高校可以组织相应的专业教师培训团队，有计划、有目的地对高校教师进行系统化的培训，与此同时，在培训的过程中有意识地培养校园网络"大V"，并将其发展成为校园舆论的精神领袖，以此捍卫校园文明。

第五节　加强与高校辅导员的协同合作

一、高校辅导员

高校辅导员是高校教师队伍的重要组成部分，是学校实施全面素质教育、开展学生思想政治工作、确保学校稳定的一支重要力量，在学校人才培养和校园稳

定等工作中发挥积极的、不可替代的作用。作为学生思想政治工作一线的组织者和承担者，辅导员在全面推进素质教育、加强大学生思想教育、培养适应21世纪社会主义现代化建设需要的高层次的"四有"人才的工作中居重要地位。

辅导员工作繁杂而重要。很多辅导员在进入辅导员队伍后，面临着诸多的行政事务，很容易忘掉自己作为一名党员应该履行的社会责任。更多的辅导员开始抱怨待遇差、抱怨工作量大、抱怨工作辛苦等，易导致辅导员消极怠工甚至社会责任感和工作责任感缺失；人在岗而心不在岗，完全沦为一个"传声筒"，当学生发生矛盾纠纷、心理问题、情感问题、学习问题、身体健康问题时，不闻不问；与学生沟通交流、了解学生基本情况流于形式，如部分高校要求辅导员走进寝室，了解学生学习和生活的状况，而部分辅导员下寝室只是简单地走马观花，更有甚者只是到宿舍管理人员处签字后直接走人，根本不进入学生寝室。这些都是辅导员社会责任中不可取的，违背了当前国家赋予辅导员教书育人的社会责任。

辅导员的教师身份、工作地位与职责及思想政治教育潜移默化的工作特点，无不对高校辅导员的威信提出了要求。辅导员有无较高的威信，不仅影响着其工作效果，更影响着其作用的发挥，也进一步影响着高校育人的质量。面对新世纪的挑战，高校辅导员应不断地强化政治意识、大局意识、责任意识、忧患意识，不断地分析新问题、研究新情况，积极探索新形势下如何切实地提高自身的威信和影响力，以确保思想政治教育工作的有效性。

二、高校辅导员的威信及影响力

（一）高校政治辅导员的威信构成及其作用

威信即威望与信誉。对高校辅导员而言，它通常表现为学生对其尊敬、信赖与服从，它是思想政治工作的前提，同时也是最好的切入点，表现出一种巨大的精神感力。对于思想活跃、思维独立性较强、知识面较宽的当代大学生而言，教育者有无较高的威信，成为其教育是否被接受的关键。高校辅导员威信的构成通常包括三类，一是专业性因素，它包括学术能力与水平、知识积淀程度、生活经验及理论素养；二是可信性因素，它包括人格、个性、人品、友爱程度及公正之心；三是智能因素，它包括决策、判断、组织协调与管理能力，以及果敢、坚定、敏捷等意志品质。三者相互支撑、相互影响，形成统一的整体，其中，前二者更为重要。

威信的作用在于，其一，它直接制约着思想政治工作的效果。高校思想政治工作的效果很大程度上取决于教育者的威信。作为思想政治工作的一线组织者和实施者，辅导员威信高，思想政治工作的效果必然好，反之，效果就差。其二，它能促使学生将教育要求内化为自身的需要。高威信者的所言所行往往能取得学生的信任与效仿，他对学生的批评易引发学生内在的心理与思想冲突，促其向积极方面转化；威信低者，其所言所行易引起学生的怀疑、反感、抵触甚至对抗，使思想政治工作从一开始就难以触动学生，更谈不上效果如何。总之，高威信者能有效地发挥暗示与示范作用，激起学生的模仿与内化，激发学生接受教育的动性，使思想政治工作真正入脑、入心、见效，从而实现预期的教育目标。

（二）影响辅导员威信形成的因素

崇高的威信是取得教育成功的重要因素，然而威信的形成却非一朝一夕、一时一事就能达到的，它的形成有个过程并受制于多种因素。

就客观因素而言，首先是社会的宏观氛围与整体评价。我们党一贯重视思想政治工作，特别是党的十一届三中全会以来，面对新形势，我们党和国家采取了一系列措施，不断强化思想政治工作。在高教系统表现为：开设思想品德课；开办思想政治教育专业；将思政教育者队伍当作教师队伍的一部分加强建设；构建全员思想政治教育模式；建设思想政治教育新体制等。这无不有助于思想政治工作者地位的提高和威信的形成。改革开放40多年来的实践证明，任何时候都不可放松思想政治工作。高校辅导员威信的高低与社会的宏观氛围及重视程度密不可分。其次是高校校园的微观氛围与评价。事实证明，一个领导重视、管理体制健全、措施得力、思想政治教育氛围浓郁的高校，其辅导员的责任感与进取精神就强，威信也高，反之，则低。特别是市场经济条件下的思想政治工作氛围，唯有领导重视、全员参与、上下齐动，方能构筑一道足以抵挡功利主义与短视行为负面影响的视思想政治工作为育人之首的亮丽风景。唯有如此，辅导员的威信才有产生与发展的基础。最后是大学生的期望值。对处于半成熟向成熟过渡阶段的大学生而言，由于大学特殊的教育教学方式，其接触最多、交流最多的教育者往往是辅导员，他们对辅导员所抱期望值较高，期望在辅导员的关爱、指导、帮助下不断成长。他们对辅导员的信任与服从也多源于这种期待，由此便成为影响辅导员威信形成的重要因素。

就主观因素而言，辅导员的个人素质是其威信形成的决定性因素。首先是品德因素。品德因素包括政治信仰、道德品质、心理品质及工作作风。坚定正确的政治信仰、崇高的道德品质是威信形成的根本因素，品德越高，威信越高；反之，一个品德不高的人，不管其能力多强、本事多大，都不可能赢得学生的尊重。有无健康优良的心理品质，也直接制约着辅导员威信的高低。一个意志坚强、情感积极、理想远大、行动自觉的辅导员，必然会对大学生的成长产生很大的影响。辅导员扎实的工作作风、实事求是的工作态度，以及严于律己、言而有信的品行，更有助于其威信的形成与确立。其次是个人智能水平。它包括知识结构、生活经验、专业水准与综合能力。一个知识渊博、既通本行又熟相近专业的老师，在学生心目中的形象必然会高大无比。一个有着丰富的生活阅历与经验、经历过曲折坎坷的人，其本身对同学就有着极大的吸引力。他对人生的总结与升华也必然会对学生产生一定的指导和帮助。一个才华出众，个人的专业水准已达专家水平或已在某一方面作出杰出贡献的人，其言行会直接、间接地影响学生。一个综合素质较高、组织协调及管理能力较强的人，同样会赢得同学的尊重、信任与拥戴。可见，个人智能水平对威信的形成、巩固与发展均起着十分重要的作用。最后是辅导员个人的仪表与形象。一个人威信的形成从一开始就受个人仪表与形象的影响。因为，辅导员在与大学生互动的过程中先展现出来的是个人仪表与形象，个人的品德与水平是随交往的加深而逐渐展现的。一个举止文雅得体、仪表端庄大方、热情诚实、富有朝气的辅导员，总会在大学生心目中留下深刻的第一印象，并产生晕轮效应，学生会因良好的第一印象而对辅导员产生敬仰之情，并产生信赖感，"安其学而亲其师，乐其友而信其道"（《学记》）的效果也必然会产生，威信的形成也就有了良好的开端。

三、高校思政与辅导员协同育人的策略

（一）加强辅导员队伍思想政治培训建设

高校辅导员集教育引导、管理分配、服务学生等多元化职责于一身，随着教育事业的不断发展，新时代新形势对辅导员队伍的培训建设有了升级化的高标准、严要求。

1. 确立人才本位的培训理念

自古以来，人才资源一直是各个行业争抢博弈的主要资源之一，确立人才本位的培训理念是确保行业发展的第一要义。重视人才资源、加强人才的内生（内部培训）与外引（扩大招聘）是市场竞争的迫切要求。人才本位的培训理念，不是简单的基础知识填鸭式灌输、短期单一技能的文本培训，而是要求辅导员培训组织构建一个长期的、有效的、有体系的培训信仰。

2. 建立双向统筹的培训机制

培训部门要充分履行辅导员系统培训的牵头抓总的职能，践行集体调训与个体培训的双向统筹培训规划。一方面，要充分做好基层参加培训辅导员的信息征集工作，构建有预见性的培训指导思路，在培训周期、培训班次、培训内容和人员集中选择上做好妥善的统筹分配工作，强化宏观管理，规范双向统筹标准，严格执行计划；另一方面，要允许学院及辅导员本人以正当理由适当选择参训班次、时间、形式等，让被培训部门及个人有一定的自主空间。实行辅导员个体自我需求与社会集体发展、工作实际需要相结合的培训机制。

3. 更新现代科技的培训方法

引入现代科技手段，不仅包含设备层面的更新换代，主要涵盖培训时间、培训空间、培训形式等多层次的培训方式的更新。一方面，充分发挥新时代科学文明与通用技术的功效，结合网络传输、多媒体设备、远程监控、电化教学等通用的新方式方法，最大限度地突破时间、空间对于辅导员培训教育带来的局限，解决在职辅导员与求学心理的冲突矛盾；另一方面，在现有专题讲座、名师演讲等教学模式的基础上，更新培训方式，引入个案分析、场景模拟、小组讨论等新颖途径，丰富授课形式，着重结合辅导员工作生活中的实际情况进行有针对性的分析与研讨，把传教解惑、自思自省、互动互助等行为引入课堂，充分提升辅导员

的参与度与灵活创造力，达到学有所成、为学生们服务的效果。

4. 丰富细致全面的培训内容

目前，高校在培训授课方面普遍存在内容覆盖面相对小、涵盖知识相对少、涉猎广度相对窄等问题，丰富辅导员队伍培训课程的内容，将培训内容细致化、层次化、具体化是一项亟待解决的问题，可以采取如下有针对性的具体措施。

一是对缺少基层工作经验的新鲜血液辅导员，采取"老带新"模式，增加实践教学内容，遇到突发事件和多发事件，要求老辅导员必须"一带一"现场指导，帮助新辅导员尽快进入工作状态，了解学生工作实际；二是对有一定发展潜力、近期可提拔的老辅导员老师，要注重提升他们的政治修养与文化素质，可以构建能力提升培训模块，如决策力（decision power）模块、领导力（guide power）模块、影响力（influence power）模块、创新力（innovation power）模块等内容，进行综合性的、全方位的领导能力提升，有针对性地进行培训，建立全新的辅导员领导干部能力培训课程体系。

（二）强化辅导员骨干作用

在大学生思想政治教育中辅导员是高校学生工作的重要力量。中共中央、国务院在《关于进一步加强和改进大学生思想政治教育》中对辅导员的工作范围进行了明确规定，辅导员按照党委的部署有针对性地开展思想政治教育，在学生的思想、学习、生活等方面进行指导。可见，辅导员是高校德育的骨干力量，思想政治教育是辅导员的核心任务。因此，辅导员必须抓好自己的中心任务，促进大学生思想政治教育的发展。首先，教育必须先接受自我教育。作为教育工作者，辅导员应该通过科学的方法促进学生成长，不仅要规范学生的行为，还要使他们的情感受到熏陶，不断提高道德水准，使他们成为优秀学生。辅导员一是要通过引导使学生的理想信念更加坚定，能深刻认识到共产主义思想的重要性，向着学校预期的方向发展；二是要深入学习专业知识，精通专业技能，增加自己的厚度，这就需要用科学合理的方法对学生进行引导。

（三）构建思政课教师与辅导员联合育人的机制

1. 组织教育机构的科学联动

高校并没有思政专业，所以在高校中思政课老师都不会固定地划入某个专业或者院系的管辖中。不过随着高校管理体制的改革和细分，很多高校最终确定了思政课老师归属于教学管理系统，不与辅导员同部门管理。这样简单粗暴地将二者分离开对于思想政治教育的发展没有益处，反而分离了明明可以互相联系的两个主体。想要思政教育得到飞跃发展，构建联合育人机制是当务之急，必须将思政课教师和辅导员联系到一起，二者归结为一个系统当中，方便开展更多思政实践活动，互相沟通学生思想。要想将高校思政课老师和辅导员归结为一个系统管理，就必须要让学校的管理层意识到这一点。由高校的党委宣传部等主动进行协调部署，让辅导员归属的学生工作部门与思政课教师归属的教学部门能够联系起来，并且团结一切可以团结的机构，例如团委、就业指导中心等诸多组织，相互配合，既充分调动学生的积极性，也充分调动教师的积极性，共同组成一个可以互动配合的团结组织，为思政教育的发展提供良好的氛围。在这样的组织当中，要始终坚持科学的管理方法和管理机制，有条件的高校可以多多开展一些实践活动，加强大学生和高校教师之间的互动交流。在管理当中，要明确分工，落实好工作人员的职责，严格管理。但是也要注意既然形成了一个团体，思政课教师和辅导员之间的工作关系不能完全分裂开来，必须要注意相互之间的配合和工作效率的提高。

2. 队伍建设的联动

队伍建设的联动需要每个成员共同的努力。要想改变过去封闭式的各自为政的局面，就要努力将二者之间的交集扩大。具体来说，需要作出三个改变。

第一，高校的辅导员选拔要更加严格。不能再像以往一样门槛过低，导致辅导员的水平不足而影响思政教育的发展，也没办法完成教育目标。在选拔中，必须要将辅导员的思想政治理论素养作为首要考核点，不具备这样的素养的直接不通过。辅导员的学历条件要满足硕士以上，最好可以在具备思政理论的基础上对心理学和法学有所了解。这些条件都需要高校的领导和人事部等一一进行严格筛查。这样既能确保辅导员的基本素质，也能够保证至少在理论层面上，辅导员可以独当一面。在一些不具备和思政课教师联动的学校中，也能够帮助学生更好地养成正确的政治素养。

第二，尽量促进思政课老师和辅导员二者之间的工作交流。要进行工作交叉，可以在思政课教师的带动下提高辅导员的思想素质。一方面可以不用必须将思政课教师与辅导员划为同一部门，一方面也解决了当今思想政治教育发展的困境。在这样开放式的沟通和合作当中，思政课老师和辅导员二者之间角色可以互相转换，辅导员可以通过思政课教师的帮助，更好地管理学生；而思政课教师通过辅导员的帮助，可以更好地改进教学方式和探索教学模式，提升思政教学质量。

第三，要构建团队，在思政课老师和辅导员的不断交流中构建出一个梯队。团队当中要有中青年老师为团队的延续做保障，既保证团队的活力，又保证团队的理论和经验厚度。

（四）强化意识、完善素质，充分发挥威信的作用

高校招生制度及教学改革的不断深化、交费上学与学分制的自主选课等，均扩大了大学生的主体选择性，传统的"管、灌、劝"的思想政治教育模式已不适用，而新型的"示范、引导、释疑"的教育模式成为必然选择。要在新形势下保证思想政治工作的有效性，高校辅导员必须充分重视塑造自己在大学生心目中的威信，并切实发挥好威信在对大学生开展思想政治工作中的作用。

首先，要不断强化威信意识。每个辅导员都应充分认识到威信的作用及其持久的影响力，充分认识到当前教育改革的形势及新时代大学生心理发展的特点，充分认识到新时代思想政治工作的难点，不断强化威信意识，不断突出威信在思想政治工作中的地位，把威信的塑造与提高作为改进思想政治工作、提高思想政治工作效果的突破口和首要环节来抓，用威信为思想政治工作铺路，以威信来加强思想政治工作的效果，不断增强当代大学生的教育选择性与接受性，提高威信的影响力及渗透性。

其次，要提升素质，提高威信。如前所述，威信的形成、巩固与发展均受制于一系列因素。对辅导员来说，外在的客观因素无法左右，但内在的主观因素则在其控制范围内，只要自身主观上不断努力，想方设法提高品德修养、锻炼综合能力、磨炼坚定意志、培养积极情感、塑造优良心理品质、养成良好工作作风，加上以高度负责的政治责任感与使命感对待学生、对待工作，崇高的威信必然会形成，辅导员必会受到大学生的真诚拥戴。

最后，要讲究技巧，有效发挥威信的作用。威信形成之后，能否有效发挥作用是关键，这不仅会制约已有威信的巩固与发展，更会直接影响教育的效果。为

此，必须讲究艺术，做到"八要"：一是要平等待人，以诚相见；二是要讲求奉献，追求卓越；三是要民主管理，正确用权；四是要言行一致，取信于生；五是要抑扬有度，爱及全体；六是要了解学生，善于调解；七是要坚持原则，主持公道；八是要敢于自我解剖与律己。总之，只要辅导员能充分认识自己、找准定位，不断强化素质，用科学的方法指导自己的工作与实践，必能在新形势下更有效地发挥出辅导员威信的作用，从而全面提高思想政治工作的水平与实效。

第六节　提升高校思政专业教师队伍综合素质水平

一、提升高校思政专业教师的共情能力

（一）共情能力对人的重要意义

共情能力对个人生活和社会生活具有积极的作用。

1. 共情能够减少人际摩擦，增进相互理解

很多时候人与人之间的分歧和争执甚至是斗争并不是根本原则上的分歧，而是彼此之间的误解。造成误解的原因是多样的，其中缺乏共情是一个重要的原因，人们依据自己的经验和认知模式想当然地解释和理解他人的观点，往往觉得矛盾巨大。而共情秉承倾听他人和理解他人的态度，被尊重的感觉就会化解部分观点的差异，而且站在他人的角度理解对方，可能会同意对方的观点，也可能不同意，但是给对方的观点以理解，会减少人与人之间的摩擦和矛盾，收获人际和谐。如前所述，人际和谐是幸福的必要条件，具有共情能力会促进幸福感的提升。

2. 共情可以提升人格魅力，促进个人生活幸福，事业进步

从某种意义上来讲，共情属于人格魅力的一部分。与此同时人的共情能力与其理解能力呈正相关。也就是说，如果一个人的共情能力较好，那么其理解能力便较强，如果共情能力差，理解能力就差。由此可以看出，当一个人具有共情能力时，在理解他人观点、看法时便具备了独到的优势。此外，共情能力也有助于提升人的情绪敏感度和事物洞察能力，尤其是在共情的作用下，人往往会以一种温暖体贴的方式将自身的思想传递给对方，这样对方便可以从心理上得到认同感，

因此拥有高共情能力的人往往具有较高的人格魅力。

3.给予学生认知与情感的支持

当教师能够真正在意学生的想法、感受、需要和愿望，而不是仅仅在意自己的想法、感受、需要和愿望，或是教材中安排好的思想和情感时，就会产生真正的关爱。

（二）基于共情的课堂教学评价的实施要领

共情是个体本身所具备的一种能力，多数教师的共情处于自然发展的状态，并没有发展为一种具有教育性的职业能力。基于共情的评价并不是无中生有的某种技术，而是对教师本身所具备能力的挖掘、发展和使用。

1.对共情的觉察是实施共情评价的基础

在已有的课堂教学评价中也积极倡导对学生的尊重和关注，尤其是各种公开课都在传达以人为中心的行为，如最常见的"谢谢你""请坐""回答得真好"等，但是在这些行为背后每位教师的情感是不同的，有些教师外显的类似行为只是基于形式的表演，没有真心与实情。而共情评价的本质就是改变观念与认知，从关注评价中的言语和行为转向更深层次的共情能力提升。教师有必要通过体验、知识学习等方式觉察自身的共情能力与共情的积极作用，并且能够有意识地从共情的视角看待教学中的各种互动现象，逐步培养对学生情感的敏感度，重新审视自己作为信息的传递者、促进者和评估者的身份，从而以新的眼光看待大学生和高校教师之间的关系、互动，最终能够体会到大学生和高校教师之间的互动是情动，从而生发出对学生的爱，愿意从学生的视角体验、感受学生的生命状态。可以说，共情评价是对当前仅注重评价形式的浅层评价的超越，而对共情的觉察并据此生发出的对生命的关怀是实施共情评价的基础。

2.拓展教师的关注范围

对教师而言，要实施共情的教学评价，除了意识到共情能力和共情的重要性之外，还必须对自身所形成的各种观念和刻板印象有所觉察与监控，有意识地拓展自身的关注点。首先，教师应该通过自我监控与调节抑制自我中心思维、消极情绪及基于本能的各种快速反应，从而降低各种刻板印象的影响。其次，教师应该意识到学生的学习成绩是诸多因素共同作用的结果，对学生而言最能够改变的就是学生的学习情感与动力。作为学生发展核心素养的重要内容，教师应该有意识地关注学生的情感体验与情感发展。最后，教师应该关注每一名学生。以往教师可能会偏向关注某一类学生，而且对每一类学生所给予的评价方式不同，尤其是对那些落后的、违反纪律的学生，教师可能更关注他们的不良行为。共情的评价对学生的发展具有非常重要的影响，因此教师需要有意识地关注所有学生及其各种消极的行为。

3. 共情表达技术的获取及与其他教学策略的融合

共情表达用于描述教师在接收学生的想法和感受之后所作出的反应。人际互动中一些特殊的表达会影响他人接收的信息，比如询问他人的感受、避免使用引发他人不适的话语、表现出安慰与同情等。

这些共情表达技术在心理咨询领域应用得最为成熟。借鉴该领域的研究成果，为了更好地实施共情评价，教师可以采取一些言语与非言语行为的策略。比如学习使用一些直接与共情相关的言语，这类语言既包括对学生情绪的反应，也包含对学生想法的反应，能够更好地传递出理解与关心。然后是非言语行为，可以使用声音、语气、面部表情、眼神、肢体动作、沉默等加强表达的效果。共情表达技术的获取可以直接帮助教师在课堂教学中更好地实施共情评价，但是由于教师还要实现其他的教学目的，因此还要注意与其他教学策略的融合，把握使用共情策略的时机。

二、优化思政专业教师队伍奖惩制度

（一）实施奖惩有度的评价制度

解决了"评谁""谁评""评什么"和"何时评"的问题，那么接下来就要为这套制度增添权威性和信服力了。制度的确立一定离不开强制措施的保障，上到国家，下到企业公司都一样，高校要想让"三全育人"联动机制得到很好的保障，一定要将短期或长期的评价结果与利益相关集体挂钩，即学生和教师。对于学生，可以以评价结果与其综合测评成绩挂钩，对于明显的思想不端正，道德品质不健康的学生给予取消评奖评优、取消入党资格及取消其他奖励资格的处分；对于教师（这里的教师是统称，包括校内的行政人员），要以评价结果奖优罚劣，将评价结果与评职评称、评奖评优甚至可以直接和津贴挂钩。如此将评价结果与学生和教师的自身利益相匹配可以很大程度上增加学生和教师对"三全育人"联动机制及评价机制的重视程度。

为了量化得出更加简单直观的数据来匹配评价效果，就要求评价量化打分表不宜烦琐，但是要全面，否则一些主要指标可能会被掩盖掉。为了使评价更具有权威性和信服力，评价方式应该多样化，问卷调查、测评、访谈、听思想政治教育课、辅导员对学生的评价等传统手段与信息化手段完全结合在一起进行评价督查，不能让评价流于形式，更不能让奖惩制度成为摆设。

（二）完善晋升奖惩制度

教育者在职业发展和生涯规划中，个人发展前景是一项重要指标。因此，构建协同育人体系，要提供给教育者充分的晋升机会和荣誉奖励。完善晋升奖惩制度，要涵盖以下几个内容。

一是公平、公正、公开。晋升奖惩制度，可以激励教职工群体产生一定的行为自觉，而奖惩的公平与否，将影响被激励者的满意程度，进而影响其努力的程度、方向和持续时间。因此，奖惩晋升都要公平、公开、公正，做到是非分明，赏罚得当，对所有的教职工群体公正、平等对待，聘任条件和过程公开透明，让人信服。

二是晋升渠道畅通。晋升机会包括竞聘领导岗位、调任上级单位、转聘其他岗位等。尤其是对于辅导员来说，目前由于可替代性较强，且处于学校教师管理中相对底层的位置，晋升渠道一直饱受诟病，使许多辅导员都忧心个人前途，寻求其他的发展机会，对长期从事一线工作兴致不高。在协同育人中，要切实解决这一问题，实现教师的晋升提拔渠道畅通无阻。

三是奖励方式多样。荣誉奖励包括优秀称号、先进个人、专项奖金等。目前的高校考核评价大多基于科研成果和学术能力，对高校教师和实验岗位教师更有优势，思政课教师和辅导员作为人文社科领域和行政管理领域的研究者相对吃亏。基于此，可通过荣誉称号、奖金激励和专项奖金等形式，促使利益分配向协同育人主体倾斜，激发协同的动力。

第五章　多维度下高校思政协同育人的发展策略

第一节　"大思政"背景下高校思政协同育人途径

"大思政"制度的确立就是将德育为先和立德树人相结合，以德育为先为根本原则，教育教学全过程做到立德树人教学目标，教育教学树立在学生成长规律基础之上，确保教学的科学性。从我们广义的教育角度来说，立德树人的教育理念已经是我国高等院校"大思政"教育制度建设确立的一个重要核心内容，学校将扩大思想政治教育这一理念深深融入了发展高等学校的政治教育与学科课程教学建设的全过程、各环节，注重大学生思想政治教育工作，形成全员、全程、全方位的教育合力。从狭义上来说，"大思政"视阈下的教育理念强调，思想政治教育不只是思政课教师、思政工作者的独立任务，而要将思政教育贯彻到教育相关的每个人身上、每个过程中，对中国大学生的政治思想理论、政治文化教育不再仅局限在单一的知识层面，而是将理论知识与实践活动相结合，做到知识指导实践，将思政教育落到实处，构建起极具合力的高校思想政治教育育人体系。

一、"大思政"视阈下大学生思想政治教育的形态特征

"大思政"体系的建立使思想政治教育不再局限于课堂、课本的传统教学中。在"大思政"视阈下，思想政治教育通过课堂教学与网络教学同时进行，思想政治教育本质上有双方交往形态的存在，而这种形态下有线上交往和线下交往两种形态，当一方交往形态改变，另一方也会随之变化，可是当虚拟交往形态出现在现实形态当中，就会有发生相互共在的一种形式，思想和政治的教育有同理，其随着人际交往的形式发生改变，可以逐渐地形成虚实相互共在的各种形式和特征，也就是说我们可以把这种思想和政治的教育应用到社会现实生活中。

当虚实共在时，虚拟形态和现实的形态共同具有整体性特征，相对应的，思

想政治教育也以其存在这种整体形式，来推进思政教育实践的深度和广度。新时代下的大学生在互联网领域涉猎极多，将我国大学生的思想政治课程教育理论和实践储存于线上线下的互动与共同存在的整体社会交往空间中，可以使思想政治教育效果更好，也更贴合对学生的环境教育。虚拟世界形态下的思想政治教育，立足于虚实共存的特点发展和创新现代思想政治教育，在虚实相互共存的形态下的中国思想政治教育工作是一项具有历史性挑战的工作，因其会面临更加复杂的情景，极易出现新的道德、思想价值观念，会使思想政治教育的难度加大，同时也会赋予其更加丰富的内涵，并重构思想政治教育的话语、组织及内容体系，各教育现象之间的联系也会得到进一步发展。同时，虚拟环境中的交往会淡化地区影响，道德意识和行为也会难以得到监督、规范，极易产生不好的影响，也需要思想政治教育对其进行调整、充实、创新和完善，建立起更大范围的"大思政"教育体系，进一步扩大对大学生思想政治教育的范围。

二、"大思政"视阈下大学生思想政治教育的思维特征

马克思主义的理论体系框架最初主要是由马克思、恩格斯在批判性地继承和吸收了人类众多的哲学优秀成果理论的基础上不断发展形成的，其中主要包含了马克思主义哲学、马克思主义政治经济学和科学社会主义三大部分，并且在时代的更新换代中，吸收更多优秀理论成果。它不是一成不变的学说，而是一个与时代同进步，开放的学说。"大思政"也是秉持一种开放的态度进行思政教育工作，从"大思政"的视阈来看，在全球开放加深的时代背景中，思想政治教育应当跟紧时代步伐，契合当今人的多元价值观念，将开放性作为大学生的思想政治教育发展的观念，促进高校思想政治教育工作的发展。

在全球化进程逐步加深的过程当中，世界也进一步开放，多国的文化、思想及价值观念进行碰撞与融合，并且现今多媒体发展迅速，大学生有多种渠道进行文化思想的接受，对于高校进行思想政治教育工作既造成困难，也给学生带来了新的发展契机和要求。在今后的思想政治教育中秉承开阔视野，学习吸收世界优秀文化成果，优化了我国高等学校思想政治教育的理念，建设积极向上的思想文化环境，对学生产生潜移默化的道德修养教育，让校园文化建设及教师教育思维反映时代特征，顺应时代社会发展的自然规律。"大思政"视阈下对我国大学生

的思想政治教育很好地体现符合了这一新型课堂的整体教学设计理念,其具有开放性的特点,在思政课的教学中将思政课的理论和实践课程进行了有效的结合,不断在开放过程中加深思想政治教育对大学生的影响。

三、"大思政"视阈下大学生思想政治教育的实践特征

马克思之所以关注到生活世界这一观点,主要原因在于"现实生活过程"和"能动的生活过程"等这些包含对生活世界的概念化描述。马克思认为人类所生活的世界就是人们正在社会现实中所生活的世界,是具有情感的活动及实现的世界,他将人类的物质生活和精神的生活相结合,使得理性的生活与非理性的生活统一起来,并且使日常生活和非日常的生活相结合。在生活世界当中人与人共在并交流交往,不断生成新的世界,并且使人在生活世界中不断走向全面发展。

"大思政"视阈下的大学生思想政治教育也是来源于生活实践,并最终指导学生进行生活实践的。生活世界具有丰富性、实践性和人本性等特征,是一个拥有丰富思想道德资源,并且多元化的世界。人们在其中生活并参与各种实践活动,展现自身本质并获取生活资料及情感、道德和价值观念。人们在生活世界中获得的感受、认知和理解,给思想政治教育的教育者和受教育者交流的思想源泉,是两者对话与沟通的基础。生活世界强调人与人之间的交流与交往,突显出人的主体性,并且主张平等对话,进行情感、心灵的沟通与交流,从而使交流双方理解对方。

"大思政"视阈下的大学生思想政治教育的主体是思政工作者和在校大学生,两者在同一生活世界,通过平等对话,使思政工作者把握学生思想动向及需求,使学生理解思政工作者的教育初衷,以此打破传统思政教育的"强制灌输"和"传授压制"等范式,让大学生思想政治教育工作走向具体、丰满、生动且人性化,让思想政治教育走进学生心中,指导学生在生活世界中的具体行为,达到思政育人的最终目的。

因此,"大思政"视阈下的思想政治工作本就处于生活世界当中,根据生活世界的特征带动教育者与受教育者理解、关切对方,并且在教育过程中提升自己的生命境界和丰满自身生活质量,促进学生健康成长。

第二节 思政课程与"课程思政"协同育人的路径探索

一、思政课程与"课程思政"协同育人效果

(一)协同育人效果尚不明显

目前的思政课程在高校中还是多以纯理论灌输的方式为主,鲜有方式上的创新,加之学校收集学生信息的渠道少、速度慢、准确性不高,导致教师对学生的实际需求知之甚少,教授的思想政治理论脱离大学生实际生活和应用。近年来在"课程思政"的开展过程中,即使思政课程有一定程度的创新,相应地作出了一些调整,但总体上还是存在着难以实现二者的交融共振以发挥出最大育人效果,无法准确根据学生思想的变化有针对性地制定教育方案等问题,致使思政课程与"课程思政"协同育人的效果大打折扣。

(二)思政课程与"课程思政"协同育人机制有待完善

高校是一个层级较为分明的教学科研组织机构,各个层级履行着各自的职责和使命。当一种新生事物出现之初,由于对其认识存在相对局限性,因此责任划分及责任配合出现"真空"。高校"课程思政"的出现,就其责任主体的层级看,主要有学校党委行政部门、教务处、教学院(系)、任课教师。在考察大部分高校之后,我们很难发现在考察的高校中有健全的责任体系。虽然"课程思政"协同思政课程在推进,但大部分高校还处在比较混沌的状态,从学校党委行政看,大多停留在发文、开会层面,以文件、会议推进工作;教务处则以项目布置。在责任主体的核心环节——教学院系、教师,因为没有明确的责任要求,"课程思政"的推进大多处于自愿状态,教学学院、教师积极性不高。

(三)"课程思政"协同思政课程推进程度不平衡

学院与学院之间的不平衡。推进"课程思政"存在的学院(系)与学院(系)之间的不平衡,主要有以下几方面表现。一是重视程度不平衡,有的学院(系)重视,行动迅速,有的学院(系)不太重视,行动迟缓。二是推进力度不平衡,有的学院(系)积极响应中央要求和学校部署,采取得力措施鼓励和激励教师开

展"课程思政"理论和实践探索,"课程思政"的责任主体——教师的责任意识、创造意识得到充分发掘;而有的学院(系)停留在一般号召、一般布置,没有拿出有效的激励措施,"课程思政"的责任主体——教师的责任意识、创造意识没有激活,"课程思政"推进举步维艰。三是推进的成效不平衡,思想上重视、措施上得力的院(系)能够获得较多的项目、经费等资源,从而产出较多的"课程思政"成果;而思想上不重视、措施上不到位、行动上迟缓的学院(系)在项目、经费、成果等方面相形见绌;等等。

(四)"课程思政"协同思政课程的意识不强

"课程思政"协同思政课程,最终落实到高校专业课程任课教师身上,因此高校专业课程任课教师是"课程思政"协同思政课程的责任主体。中国几千年的教育史,可以说是以思想道德教育为主导的教育史。但是,从近代以来,西方高等教育的模式开始引入中国,高等教育在中国的发展,一方面翻开了中国教育发展的新的一篇,另一方面,从高等教育进入中国开始,就借鉴了西方高等教育模式,甚至可以说复制了西方高等教育模式,开启了以专业教育为主题的新的历史。不容否认,现代高等教育在中国的兴起和发展促进了中国科学技术及经济社会的发展,缩短了与西方的差距。但是,传统的道德教育开始淡出人们视线。中华人民共和国成立以后,我们又借鉴苏联模式,强调大学的专业教育,诸多综合性大学被分解为多所单科性大学。

20世纪90年代中后期,为促进高等教育发展,建设世界一流高等教育,国家先后实施"211""985"工程,兴起了高校合并热潮。但是,无论是"211"工程还是"985"工程,在具体的实施过程中,都是以美国、西欧发达国家为参照和标杆,高等教育发展由苏联模式转为欧美模式。客观地评价,无论是"211"工程,还是"985"工程,都极大地促进了中国高等教育追赶世界高等教育的步伐,一批大学办学实力、办学水平得到了空前提升。虽然党中央一直重视高校思想政治工作,但是,一直以来,党中央的要求落实到高校被打了不少折扣。部分教师错误地认为高校思想政治理论课挤占了专业课程的课时安排,推行"课程思政",同样遇到不少阻力。

（五）各类课程差异明显，难以发挥共振效应

课程作为教学的重要载体形式，各类学科课程都有不同的教学目标，在各自的学科领域下划定了课程教学的内容范畴，基于前两者形成了相关的课程评估体系标准。新时代"课程思政"和思政课程建设过程中首先面对的就是其课程覆盖面广泛的实际情况，思政课程与其他专业原有课程之间衔接精准度不高是当前工作面临的一大困难。在不消解各类课程原有教学目标科学化和教学内容专业化的基础上，都种好"责任田"发挥思想政治教育功能是当前落实思政课程和"课程思政"协同育人的重点和难点。就目前状况来看，由于原有各类课程在教学目标和内容等方面存在明显差异，冲击了思政教育目标实现并且挤压了协同育人空间，这也是不同学科课程协同共振面临的现实困境。

二、思政课程与"课程思政"协同育人的路径

思政元素的分专业挖掘：文学、历史学、哲学类专业以研究人类社会和文化思维为主要任务，这些学科"课程思政"元素的主线应立足人文社会科学兼容并蓄和厚重内敛的特质，围绕文化底蕴的人格滋养和基本立场的稳定确立予以展开；经济学、管理学、法学类专业以服务、治理社会生活为主要任务，这些学科"课程思政"元素的主线应立足通达睿智、理性科学的特质，围绕经世济民和服务社会的价值塑造和理想培育予以展开；教育学类专业以教书育人、培育英才为主要任务，这类学科"课程思政"元素的主线应围绕立德树人和铸魂育人根本使命的达成予以展开；理学、工学类专业以科技强国、笃行创新为主要任务，这些学科"课程思政"元素的主线应立足刻苦钻研、甘于寂寞的特质，围绕追求真理、科技报国的家国情怀和使命担当培养予以展开；农学类专业以持续发展、科技增产为主要任务，这类学科课程思政元素的主线应立足造福人类、高产的特质，围绕生态文明理念树立和"强农兴农"理想的培养予以展开；医学类专业以救死扶伤、妙手仁心为主要任务，这类学科"课程思政"元素的主线应立足精进业务、净化品德的特质，围绕精湛医术和医德医风的统一教育予以展开；艺术学类专业以文化涵养和文明传播为主要任务，这类学科"课程思政"元素的主线应立足强化美育、传播美好，围绕积极弘扬中华美育精神和正确艺术观、创作观培育予以展开。

第三节 主渠道和主阵地协同育人

一、主渠道和主阵地的联系

（一）教育过程的融通性

从课堂理论教学到课外活动实践、从线上面对面交流到线下人与人沟通、从虚拟慕课到现场教学、从日常渗透到具体领悟，大学生思想政治教育过程既包括知识技能的教授，也内蕴品质和道德的涵养。可以说，整个育人过程是一脉相承、环环相扣的，具有融通性和延续性。

主渠道与主阵地共同分担着育人过程的具体环节和任务。先就课堂教学过程而言，主要完成的是帮助大学生树立正确的认知，即正确的世界观、人生观、价值观，如此方能在实践中尽量少走弯路，避免误入歧途。再就日常思想政治教育过程而言，强调通过活动建设、平台打造、学科竞赛等多种载体形式和合理育人途径，来贯通知与行、理论与实践之中的有机联系，进而帮助大学生在整个成长成才过程中更好地"学思践悟"。不论是主渠道还是主阵地，两者在育人过程中，都是互为渗透、相互影响的。离开理论教学过程，实践活动开展就缺乏了理论指导这个重要前提；离开实践育人环节，理论讲授就会因变得抽象空洞而让人无法真学、真懂、真信。"知者行之始。行者知之成"（《传习录》），注重知与行的过程融通性，必须坚持理论和实践育人过程的交叉性、关联性和互补性，这是新时代思想政治教育应该强调的重要方法论。

（二）教育内容贯通

毋庸置疑，主渠道与主阵地在具体教育内容上是有不同侧重的。思想政治理论课更为强调理论灌输、意识形态教育、社会核心价值观培育、法治观念养成、历史知识学习等思想观点、政治素养、道德品质方面的内容；日常思想政治教育则较为注重让大学生在锻造良好的生活习惯、学习态度、实践能力等方面的能力提升。但是，这两方面的教学内容是不能相互割裂开来的。

一方面，理论是用来指导实践的，假如只注重理论讲授而忽视实践能力，那么思想政治理论课的实际意义与影响力必然大大削弱，理论学习不能学以致用势必让大学生对理论教育内容失去兴趣甚至产生逆反心理。另一方面，理论失之毫厘，极易导致实践谬以千里，假如大学生日常活动的开展缺乏理论指导，也容易导致行动变得盲目而无所适从，就拿爱国来说，究竟怎样才是真正的爱国，这个更深层次的理论问题如果不弄清楚，大学生在具体的爱国活动进行中，一不小心就会变得偏激或盲从，有的甚至拥有爱国心实际却做出了伤害祖国之行。

二、主渠道和主阵地协同育人策略

（一）发掘协同的合理切入点

将"以学生为本"作为两者之间的协同的出发点。教育要凸显"学生为本"的要求，协同就要从学生出发，从学生感兴趣的点和未来发展的需求处出发，发现主渠道与主阵地协同的切入口。例如主阵地日常思想政治教育的渗透性强、覆盖面广，或与学生利益关系密切，如日常管理服务；或与学生兴趣吻合，如网络阵地建设、社团活动等；或与学生成长需求契合，如心理健康教育、自我管理与服务、校内外兼职时间、竞赛演讲社交；或利于学生未来发展使用，如党团组织角色扮演、职业规划、政治社会化。这些都是与学生健康成长和现实需求密切相关的，那么思政课教学可以有针对性地与之结合，使教学内容更加契合学生发展要求。

（二）抓住协同的最佳时间点

协同需要"同频共振"，而同步同频就要利用好教育的最佳时间点，在重大节日、纪念日、学生发展的重要阶段、社会热点事件发生和思政课教材讲授顺序等时间节点上，做好主渠道、主阵地的协同育人，发挥协同的最佳效力。

一是抓住重要纪念日开展"四史"教育。大学生思想政治教育，要对学生做好党史、新中国史、改革开放史和社会主义发展史学习教育，而历史纪念日就是抓好"四史"教育的重要契机。在重大节日、纪念日来临时，既要结合教学大纲在思政课课堂上开展"四史"的历史知识讲解和现实意义解读，培养塑造学生的家国情怀和使命担当；也要适时在日常思想政治教育中开展专题实践活动。例如3月5日开展学雷锋活动，组织校内园志愿服务、宣传雷锋精神等；清明节开展缅怀革命先烈活动，邀请革命前辈讲历史故事、观看爱国主义影片等；"七一"

庆祝党的生日，讲授我们党走过的光辉历程、举办红歌比赛等；十一国庆节组织"祖国巨变""家乡变化"相关主题的征文比赛、演讲比赛等；香港、澳门回归纪念日讲授"一国两制"制度优势等。

二是抓住学生发展的重要节点组织适应教育。新生入学、考试周、就业期、毕业季、校庆日等都是思想政治教育需要把握的重要时间节点。在这些时间点上，思政课和日常教育都要充分利用良好的氛围和时机，对学生进行适应教育和适度引导。例如在毕业季，面对学生可能出现的初入社会的焦虑和离开校园的失落感，思政课教师可以在教学中与学生讨论个人理想实现、公民道德建设和社会法律法规遵守等相关话题，帮助学生掌握毕业后所需要的知识；而在日常教育中，辅导员可以结合学生毕业的相关活动，组织开展感恩母校留言、给未来的自己写一封信等活动，帮助学生提前做好进入社会的心理准备，缓解角色转变的不适感。这样，让学生在理论和实践的双重影响下，能够尽快适应大学生活的各个阶段，更好地规划自身的学习生活和未来发展。

三是抓住社会热点事件进行意识形态教育。意识形态工作是党的一项极端重要的工作，高校作为意识形态工作的前沿阵地，必须肩负起职责，做好意识形态教育，社会热点事件的分析解读就为意识形态教育提供了很好的素材和机会。例如受新冠肺炎疫情影响，国际国内人心惶惶、社会局势复杂多变，在这一特殊时期，思政课教师和辅导员就要抓住热点舆情发酵和学生心理需求，向学生讲清楚整个事件的来龙去脉，通过疫情中的真人真事和数据公开，让学生看到党和政府在社会卫生事件中的治理能力和积极态度，体会到中国特色社会主义的制度优势，认清错误言论背后的本质诉求，从而不被迷惑，保持良好心态。

四是针对教材讲授顺序安排主题教育。思政课教学往往有规范的教学大纲要求，教材的编写顺序也契合学生的前置知识储备和接受能力，为教师的教学提供了时间参考，而日常思想政治教育相对灵活，没有严格的时间节点规定。因此，为实现协同，帮助学生知行合一，要注重两者课程讲授顺序的对应和契合。

参考文献

[1] 颜妍. 高校思政课程与课程思政协同育人研究 [J]. 安徽职业技术学院学报，2021，20（2）：93-96.

[2] 王燕飞. 高校课程思政协同育人机制建设研究 [J]. 时代报告，2021（3）：152-153.

[3] 黄秀玲，吴再发. 新时代高校思政课程与课程思政协同育人的路径探析 [J]. 福建教育学院学报，2020，21（12）：10-12；44.

[4] 刘燕. 高校课程思政协同育人机制的构建策略研究 [J]. 文化创新比较研究，2020，4（36）：30-32.

[5] 陈慧女. 高校思政课程与课程思政协同育人的生成逻辑 [J]. 高校辅导员，2020（6）：14-18.

[6] 涂刚鹏，刘宇菲. 思政课程与课程思政协同育人的三维路径 [J]. 学校党建与思想教育，2020（21）：50-53.

[7] 沈小雯. 高校思政课程与课程思政协同育人探析 [J]. 河南广播电视大学学报，2020，33（4）：63-67.

[8] 张宏. 高校课程思政协同育人效应的困境、要素与路径 [J]. 国家教育行政学院学报，2020（10）：31-36.

[9] 程兰华，张文. 西部高校思政协同育人机制构建研究 [J]. 牡丹江教育学院学报，2020（9）：46-49.

[10] 李浩. 新媒体时代高校思政协同育人模式研究 [J]. 法制博览，2020（20）：241-242.

[11] 范成梅，蔡胜. 新时代高校课程思政协同育人的困境与出路：历史合力论的视角 [J]. 锦州医科大学学报（社会科学版），2020，18（3）：89-93.

[12] 高峰，陆玲. 高校"思政课程"与"课程思政"协同育人的路径探索 [J]. 山东农业工程学院学报，2020，37（6）：178-180.

[13] 白玉. 新时代高校思想政治教育立德树人使命研究 [D]. 西安：陕西科技大学，2020.

[14] 孙汝兵. 广西高校课程思政育人机制研究 [D]. 桂林：桂林理工大学，2020.

[15] 田靖. 试论高职院校构建思政协同育人格局的必要性及措施 [J]. 佳木斯职业学院学报，2020，36（5）：197-198；200.

[16] 蔡静，张艳. 高校思政课程与课程思政协同育人模式探析 [J]. 兰州文理学院学报（社会科学版），2020，36（3）：35-39.

[17] 庄蕾. 新时代高校意识形态安全研究 [D]. 沈阳：辽宁大学，2020.

[18] 赵岩，周伟. 构建课程思政协同育人机制的思考探究 [J]. 中国多媒体与网络教学学报（上旬刊），2020（4）：80-81.

[19] 陈青. "三全育人"视域下高职院校思政协同育人格局研究 [J]. 湖南工业职业技术学院学报，2019，19（6）：113-116；125.

[20] 顾育. 高校课程思政协同育人机制构建路径及策略研究 [J]. 佳木斯职业学院学报，2019（12）：1；3.

[21] 吴雪峰. 新媒体时代高校思政协同育人模式研究 [J]. 管理观察，2019（30）：136-137.

[22] 胡钺. 高校课程思政协同育人机制构建路径及策略 [J]. 祖国，2019（19）：101-102.

[23] 潘燕. 新时代高校"思政课程"与"课程思政"的协同育人机制研究 [J]. 湖北开放职业学院学报，2019，32（17）：87-88.

[24] 刘书萤. "大思政"格局下医学院校思想政治教育协同发展研究 [D]. 天津：天津医科大学，2019.

[25] 吴群. 基于大学生成长规律的思想政治教育原则与路径研究 [D]. 上海：上海师范大学，2019.

[26] 滕跃民，韩锋. 高校课程思政协同育人机制构建路径及策略分析 [J]. 山西能源学院学报，2018，31（6）：45-47.

[27] 郭霁瑶，王瑶，吕欣美. 刍议党的十九大精神融入高校思政协同育人新格局 [J]. 智富时代，2018（10）：226.

[28] 陈霞. 协同论（DSC）视角下高校思政教育协同机制构建[J]. 包头职业技术学院学报, 2018, 19（1）: 22-25; 56.

[29] 黄睿. 将党的十九大精神融入高校思政协同育人新格局构建[J]. 上海党史与党建, 2018（1）: 50-52.